Vermisst über See

Lino von Gartzen • Susanne Sasse

Vermisst über See

Rätselhafte Abstürze und ihre Aufklärung:
Saint-Exupéry, Amundsen und andere

AUTOREN / DANK

Autoren:
Susanne Sasse, geboren 1975, studierte Politikwissenschaften und Jura in München, Augsburg und Potsdam und legte in München das zweite juristische Staatsexamen ab. Beim Münchner Merkur wurde sie zur Redakteurin ausgebildet. Seitdem arbeitet sie als freie Journalistin in den Bereichen Wirtschaft, Verbraucher- und Rechtsthemen, Politik, Kultur und Lokales für verschiedene Tageszeitungen, Internetportale und Magazine.

Lino von Gartzen, geboren 1973, arbeitet hauptberuflich als Fachmann für technische Recherchen im Patentbereich. Als Taucher und Mitglied der „Bayerischen Gesellschaft für Unterwasserarchäologie" hat er sich auf die Erforschung und Identifizierung von versunkenen Flugzeugwracks spezialisiert. Durch seine Forschungen konnten die Schicksale mehrerer vermisster Flieger aufgeklärt werden. Als freier Mitarbeiter der Zeitschrift Flugzeug Classic berichtet er über aktuelle Forschungsprojekte, Flugzeugfunde und -bergungen.

Besonderer Dank für die Unterstützung bei den Forschungen und Tauchgängen:
Manolis Bardanis, Harald Belz, Jean Claude Bianco, Jindra Böhm, Philippe Castellano, Richard Chapman, Nico Courtine, Hans-Peter Dabrowski, Francois D'Agay, Christoph Desix, Etienne Ducreux, Josef Eimannsberger, Hans Fahrenberger +, Bruno Faurite, Aldo Ferruci, Klaus Fischer, Cristina Freghieri, Dimitri Galon, Christian Grams, Udo Hafner, Bianca Hain, Bob Halstead, Florian Huber, Jan Jirasco, Guy Julien, Federico Peyrani, Ludwig Reichert, Horst Rippert, Helmut Schmidt, Marcin Trzcinski, Karl Ulbrich, Luc Vanrell, Fürst Christian von Bentheim und Steinfurt, Lena von Gartzen, Michele Weismann, Markus Wunderlich

Produktmanagement: Michael Dörflinger
Schlusskorrektur: Thilo Kreier
Lektorat: Andreas Greiser
Satz: Silke Schüler, München
Repro: Cromika, Verona
Herstellung: Anna Katavic
Cover: Jarzina Kommunikationsdesign, Holzkirchen
Kartografie: Amelie Nau, München
Printed in Italy by Printer Trento

Für Hinweise und Anregungen sind wir jederzeit dankbar. Bitte richten Sie diese an:

GeraMond Verlag
Lektorat Postfach 40 02 09
D-80702 München
E-Mail: lektorat@geramond.de

Die Deutsche Nationalbibliothek verzeichnet diese Publikation in der Deutschen Nationalbibliografie, detaillierte bibliografische Daten sind im Internet über http://dnb.d-nb.de abrufbar.

© 2014 GeraMond Verlag GmbH, München
ISBN 978-3-7658-2034-2

Für dieses Buch wurden neben eigenen Recherchen in Archiven auch verschiedene Fachpublikationen, aktuelle und historische Zeitungsartikel und Bücher über die Schicksale der einzelnen Vermissten herangezogen und ausgewertet. Eine Auswahl der wichtigsten herangezogenen Quellen:
Historische Archive :
Bundesarchiv-Militärarchiv in Freiburg (Deutschland)
National Archives in Maryland (USA)
Service historique de la Défense in Vincennes (Frankreich)
The National Archives in Kew (England),
DRK Suchdienst, München
Deutsche Dienstelle, WASt, Berlin

Sonstige Archive:
Daimler AG, L'Orange GmbH, Robert Bosch GmbH, Luftfahrtarchiv Hafner, Succession de Antoine de Saint-Exupery, Bentheim und Steinfurt Familienarchiv, Der Werftverein, Private Sammlungen von Luftfahrthistorikern.
Aktuelle und historische Facharttikel der Zeitschriften:
Flugzeug Classic, Flight, New York Times, Der Spiegel, Le Petit Journal

INHALT

Das Wrack einer italienischen FIAT BR.20 liegt vor der ligurischen Küsten in 47 Metern Tiefe.

VORWORT

» With mysteries of the sea we are familiar, but this is the first mystery of the air. It is a double mystery of the air and sea. **«**

Mit diesen Worten endet ein in der Ausgabe des *San Francisco Chronicle* vom 29. Dezember 1923 erschienener Bericht über das spurlose Verschwinden des Luftschiffs *Dixmude* über dem Mittelmeer. Seitdem der Mensch begonnen hat, die Meere mit Schiffen zu befahren, finden sich in den Überlieferungen Hinweise auf viele, mit ihren Besatzungen spurlos verschollene Boote und Schiffe. Über Jahrtausende war vor allem den Küstenbewohnern, Fischern und Seefahrern »Vermisst auf See« als ein häufiges Schicksal vertraut. Mit der Luftfahrt kam eine weitere, neue Dimension des spurlosen Verschwindens hinzu: »Vermisst über See«.

Diese »neue« Form des tragischen und oft bis heute mystifizierten Schicksals traf zuerst einzelne Luftfahrtpioniere mit ihren zumeist noch eher primitiven Fluggeräten. Nach dem Ersten Weltkrieg hatten sich dann die technischen Möglichkeiten der Fliegerei so weit entwickelt, dass nun auch längere Strecken über offener See zurückgelegt werden konnten. Es war die Zeit der Rekordjäger und Forscher, unter ihnen auch viele Frauen, die die Öffentlichkeit und die Medien in den 1920er- und 1930er-Jahren regelmäßig mit ihren gewagten und riskanten Langstreckenflügen und Ozeanüberquerungen faszinierten. Diese fliegenden Helden waren Ikonen ihrer Zeit, oft erwarteten tausende Zuschauer gespannt ihre Ankunft jenseits der Ozeane. Doch in vielen Fällen warteten sie vergeblich. Um das Schicksal von bekannten Fliegern und Forschern wie Charles Nungesser, Roald Amundsen und Amelia Earhart rankt sich seitdem eine Unzahl von Legenden und Spekulationen.

Zu Beginn des Zweiten Weltkriegs waren schließlich fast alle Rekorde gebrochen, alle Ozeane fliegend überwunden. Das Flugzeug wurde nunmehr fast ausschließlich als Waffe genutzt und die Technik rasant weiterentwickelt. Die Kriegsschauplätze erweiterten sich auf mehrere Kontinente und so verlagerte sich auch der Luftkrieg immer mehr auf See. Tausende kehrten zu dieser Zeit von ihren Einsätzen und Flügen über dem Meer nicht zurück, darunter bekannte Namen wie Antoine de Saint-Exupéry, Leslie Howard und Glenn Miller. Aber auch in der heutigen Zeit, in der der Luftfahrt modernste Technik sowie umfangreiche Navigations- und Kommunikationsmittel zur Verfügung stehen, verschwinden noch immer Flugzeuge mitsamt ihrer Besatzung spurlos in den Weiten der Ozeane. Die meisten bleiben für immer vermisst und nur in seltenen Fällen gelingt es, unter größtem logistischen und finanziellen Aufwand, die vermissten Flugzeuge auf dem Meeresgrund zu finden, das Schicksal ihrer Besatzung und die Unglücksursache detailliert zu klären.

Über das Leben und das Verschwinden der meisten Vermissten könnte man mehrere Bücher schreiben. Bei den prominentesten ist das auch bereits mehrfach geschehen. Dieses Buch fasst ihre Geschichten, aber auch die vieler Unbekannter zusammen. Der Fokus liegt dabei auf ihrem gemeinsamen Schicksal »vermisst über See« und der Suche nach ihren Flugzeugen.

Lino von Gartzen
im Juni 2013

John Wise, einer der bekanntesten Ballonfahrer seiner Zeit, plante bereits Mitte des 19. Jahrhunderts eine Atlantiküberquerung mit einem speziell dafür entwickelten Ballon.

BALLONFAHRER – DIE ERSTEN VERMISSTEN

BALLONFAHRER –
DIE ERSTEN VERMISSTEN

Die Geschichte des Abstürzens über See beginnt bereits in der griechischen Mythologie mit Ikarus. Was Ikarus zum Verhängnis wurde, verhalf tausende Jahre später im späten 18. Jahrhundert den ersten Luftpionieren, mit ihren Heißluftballons abzuheben. Und so waren die Ballonfahrer François d'Arlandes und Jean-François Pilâtre de Rozier 1783 nicht nur die ersten Menschen in der Luft, sondern letzterer 1785 auch das erste Todesopfer der Luftfahrt. Bei dem Versuch, den Ärmelkanal zu überfliegen, stürzte er mit seinem Ballon bei Wimereux ab.

Matias Perez – kubanische Briefmarke von 1965.

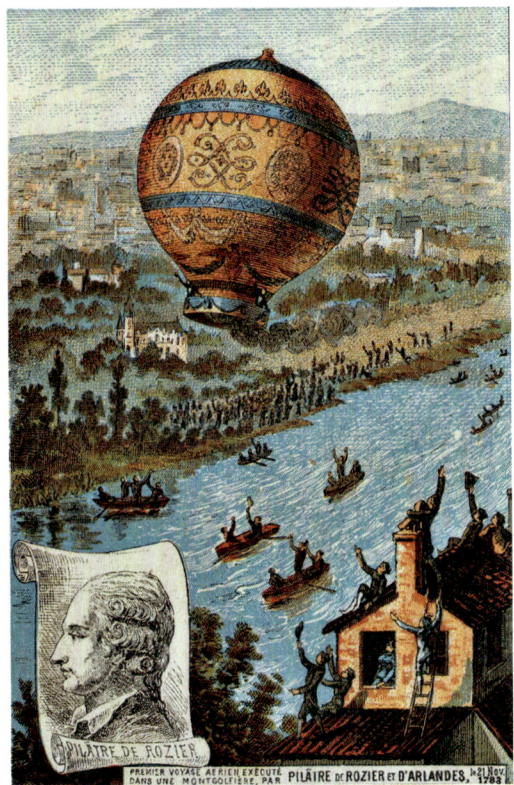

Der erste bemannte Flug: Pilâtre de Rozier et d'Arlandes am 21. November 1783.

Martin Perez (* unbekannt; † 1856)

Auch der erste »über See Vermisste« der noch jungen Luftfahrtgeschichte war ein Ballonfahrer. Am 29. Juni 1856 bestieg der aus Portugal stammende Zeltmacher Martin Perez in Havanna auf Kuba seinen selbst hergestellten Heißluftballon mit dem Namen »Ville de Paris«. Bejubelt von der Menge, stieg der Ballon hoch in die Luft. Unter den Augen der Zuschauer wurde der Ballon von Winden erfasst, weit auf das offene Meer getrieben und verschwand für immer. Der Ausdruck »Voló como Matías Pérez« (Er flog wie Matías Pérez) steht bis heute in Kuba für spurloses Verschwinden.

John Wise (* 1808; † 1879)

Mit 71 Jahren ist John Wise der älteste Luftfahrt-pionier aller Zeiten, der über See, genauer dem Michigansee, vermisst wird. Der 1808 in Lancaster in den USA geborene John Wise war einer der bekanntesten Ballonfahrer, -pioniere und -konstrukteure seiner Zeit. 1835, im Alter von 27 Jahren, war er das erste Mal mit einem selbst gebauten Ballon geflogen. In den folgenden Jahrzehnten war er über 450-mal in der Luft, entwickelte mehrere Konzepte zur Verbesserung der Ballontechnologie und war Verfasser von zwei Büchern zur Luftfahrttechnik. Er soll bei seinen hohen Flügen als Erster die später unter unter der Bezeichnung »Jetstream« bekannte Luftströmung beobachtet haben. Dadurch entstand bei ihm die Idee, mithilfe dieses Höhenwinds eine Atlantiküberquerung im Ballon zu versuchen. Die dafür beim Kongress beantragte Finanzierung wurde aber 1843 nicht erteilt, das Vorhaben kam nicht zustande. Am 28. September 1879 startete er in St. Louis zu seinem letzten Flug. Winde trieben seinen Ballon über den Michigansee. Weder John Wise noch sein Ballon wurden jemals gefunden. Kurz darauf wurde die Leiche seines Passagiers, George Burr im Michigansee gefunden.

Portrait von Professor John Wise. Dieser Abzug wurde mit Albuminpapier hergestellt, ein im 19. Jahrhundert beliebtes Verfahren für sehr detailreiche Reproduktion von Fotografien.

Ein Absturz mit dem Ballon »Atlantic« beendete 1857 die geplante Atlantiküberquerung von John Wise.

Am 28. September 1879 verschwand der 71-jährige John Wise mit seinem Ballon »Pathfinder« spurlos über dem Lake Michigan. Nur die Leiche eines Passagiers wurde später im See gefunden.

»Through the Air. A Narrative of Forty Years Experience as an Aeronaut« (1879). Der Ballonfahrer und Konstrukteur Professor John Wise war einer der bekanntesten Luftfahrtpioniere seiner Zeit und Verfasser bekannter Bücher zur Ballontechnik.

Le Petit Journal

ADMINISTRATION
61, RUE LAFAYETTE, 61

Ces manuscrits ne sont pas rendus

On s'abonne sans frais
dans tous les bureaux de poste.

5 CENT.   SUPPLÉMENT ILLUSTRÉ   5 CENT.

27me Année   —   Numéro 1.314

DIMANCHE 27 FÉVRIER 1916

ABONNEMENTS

SIX MOIS   UN AN
SEINE et SEINE-ET-OISE.. 2 fr.. 3 fr. 50
DÉPARTEMENTS........... 2 fr.. 4 fr. »
ÉTRANGER .... 2 50   5 fr. »

LE CHATIMENT DU PIRATE
Au retour d'un raid sur l'Angleterre
le Zeppelin " L-19 " sombre dans la mer du Nord

Die französische Zeitschrift »Le petit journal« berichtet am 27. Februar 1916 auf der Titelseite über den Absturz des deutschen Luftschiffes L 19 in der Nordsee.

VOM SCHIFFSWRACK ZUM LUFTSCHIFFWRACK

Das Luftschiff war eine Weiterentwicklung der Ballontechnologie. Auch Luftschiffe nutzten Gase, die leichter als die umgebende Luft waren, für ihren Auftrieb. Waren die Ballone noch vollkommen von den Winden in ihrer jeweiligen Flughöhe abhängig, um voranzukommen, hatten die Luftschiffe dafür mehrere Motoren.

Im Gegensatz zu den meist kleinen und schlecht motorisierten Flugzeugen dieser Zeit ermöglichte es ihre gigantische Größe, nicht nur eine große Zahl an Besatzungsmitgliedern und Passagiere mehr oder weniger komfortabel unterzubringen, sondern auch Fracht und Bomben über große Entfernung zu transportieren. Im Ersten Weltkrieg waren daher viele Luftschiffe im Kriegseinsatz und einige sind über See verloren gegangen. Waren vorher bei einem Ballon- oder Flugzeugabsturz nur ein oder nur sehr wenige Todesopfer zu beklagen, waren es beim Absturz eines Luftschiffs mehrere.

Die L 19 in der Nordsee

Das deutsche Luftschiff L 19 war am 31. Januar 1916 zusammen mit anderen Luftschiffen an Angriffen auf Ziele in England beteiligt. Auf dem Rückweg war das Luftschiff aufgrund technischer Probleme und ungünstiger Wetterbedingungen vom Kurs abgekommen. Es wurde an der holländischen Küste beschossen und trieb weit auf die Nordsee hinaus, bevor es in See notwasserte. Ein englischer Dampf-Trawler, die »King Stephen«, sichtete das treibende Wrack mit den Überlebenden, verweigerte aber die Rettung der Schiffbrüchigen. Am Mittag des 2. Februar 1916 versank das Luftschiff, die gesamte 16 köpfige Besatzung ertrank daraufhin in der kalten Nordsee. Die Besatzung ist seitdem vermisst, es wurde nur ein treibender Tank und Monate später mehrere Flaschenpost-Nachrichten mit den letzten Worten der Besatzung an ihre Familien gefunden. Der Kommandant von L 19, Kapitänleutnant Loewe berichtet darin:

Der letzte Flug des Luftschiffes L 19 endet in der Nordsee nahe der Insel Ameland.

Das englische Fischer-
boot »King Stephen«
verweigert der schiff-
brüchigen Besatzung
von L 19 die Rettung.

VOM SCHIFFSWRACK ZUM LUFTSCHIFFWRACK

Der Rettungsring der versenkten »King Stephen«
befindet sich heute im Aeronauticum in Nordholz.

» Mit fünfzehn Mann auf der Plattform und dem First
des in etwa 3° Ost schwimmenden Körpers der L 19
versuche ich eine letzte Berichterstattung. Dreifache
Motorhavarie, leichter Gegenwind auf der Rückfahrt
verspäteten die Rückkehr und brachten mich in Nebel,
dieser nach Holland, wo ich erhebliches Gewehrfeuer
erhielt, es wurde schwer, gleichzeitig drei Motorpan-
nen. Am 2. Februar 1916 nachmittags, etwa ein Uhr –
ist wohl die letzte Stunde. Loewe «

Auch der Steuermann schreibt eine Nachricht
an seine Frau und Mutter:
» Meine I. Ada und Mutter! Es ist 11 Uhr morgens,
den 2.2. Wir leben alle noch, aber nichts zu essen.

Das Luftschiff
L 19 im Flug.

Heute morgen war ein Fischdampfer, ein englischer,
da, dieser wollte uns nicht retten. Er hieß King Stef-
fen aus Grimsby. Der Mut sinkt, der Sturm nimmt
zu. Euer auch noch im Himmel an Euch denkender
Hans «

Die Tatsache, dass sich dieser englische
Dampfer geweigert hatte, die Besatzung zu retten, sorgte nicht nur in Deutschland, sondern
auch in England und Frankreich für große Empö-
rung in der Öffentlichkeit. Bei allen seefahrenden Nationen war es eine Frage der Ehre, in Seenot Geratene – gleichgültig, ob »Freund oder
Feind« – zu retten. Über die Gründe des englischen Kapitäns ranken sich verschiedene Ge-
rüchte: Angst vor einer Kaperung aufgrund der
Überzahl der deutschen Besatzung oder eine geheime Spionage- oder Schmugglerfahrt des Traw-
lers. In Folge machte die deutsche Marine gezielt Jagd auf die »King Stephen«. Drei Monate
später konnte das Schiff nahe der englischen
Küste ausgemacht werden, die Besatzung wurde
festgenommen, das Schiff versenkt.

VOM SCHIFFSWRACK ZUM LUFTSCHIFFWRACK

»Dixmude« verschollen im Mittelmeer

Über die Ursachen und Orte der anderen deutschen Luftschiff-Abstürze im Ersten Weltkrieg sowie dem Schicksal der Besatzungen war in den meisten Fällen etwas bekannt. Erst das letzte im Ersten Weltkrieg für die Deutsche Marine gebaute Starrluftschiff LZ 114 sollte fünf Jahre nach dem Krieg ein bis heute ungelöstes Schicksal ereilen. Dieses º1 Luftschiff sollte in der Lage sein, ohne Aufzutanken den Atlantik zu überqueren und wieder nach Europa zurückzukehren. Somit wäre im Krieg auch eine Bombardierung New Yorks möglich gewesen. Als militärische Bezeichnung war L 72 vorgesehen, doch zu einem militärischen Einsatz kam es nicht mehr. Deutschland hatte kapituliert, der Zeppelin wurde nach dem Krieg Frankreich zugesprochen und war seitdem unter dem Namen »Dixmude« im Einsatz. Im Herbst 1923 stellte er bei einer Fahrt über das Mittelmeer und die Sahara einen neuen Rekord für Luftschiffe auf. Am 18. Dezember startete das Luftschiff erneut zu einer Fahrt nach Afrika. Es verschwand spurlos auf dem Rückweg nach Frank-

Der Absturzort der »Dixmude« liegt im Mittelmeer südwestlich des sizilianischen Ortes Sciacca.

Deutsche Kriegsschiffe suchen nach dem vermissten Luftschiff.

reich über dem Mittelmeer. Am 28. Dezember fand man Wrackteile und die Leiche des Kommandanten an der Südküste der Insel. Umstände und Absturzort sind bis heute unbekannt. Es gab keine Überlebenden, das Wrack wurde nie gefunden. Es war mit etwa 50 Vermissten nach dem Absturz der USS Akron das schwerste Zeppelin-Unglück.

»Dixmude« über dem Mittelmeer.

Die Besatzung des Luftschiffes »Dixmude«. In der Mitte der Kommandant Jean du Plessis de Grenédan.

USS Akron und USS Macon –
Die fliegenden Flugzeugträger

Die USS Akron war ein Luftschiff der US-Marine. Mit seiner Länge von 239 Metern und einem Durchmesser von 40 Metern war es das größte seiner Zeit und konnte vier Flugzeuge tragen. Nach einem Sturm versank das Luftschiff am 4. April 1934 im Atlantik, nur drei der 76 Besatzungsmitglieder überlebten, sie konnten von dem deutschen Motorschiff »Phoebus« gerettet werden, das sich nahe der Unglücksstelle befand. Eine Ursache für die hohe Zahl der Opfer, die höchste aller Luftschiff-Unglücke, war das Fehlen von Rettungsmitteln wie Schwimmwesten. Ein weiteres Luftschiff, die J 3, stürzte bei der Suche nach Überlebenden ab, die Besatzung kam ums Leben.

Die Uhr des Kommandanten Jean du Plessis.

Absturzorte der USS Macon (1: Westküste) und USS Akron (2: Ostküste).

VOM SCHIFFSWRACK ZUM LUFTSCHIFFWRACK

Wrackteile des Luftschiffes »Dixmude«, die kurz nach dem Absturz gefunden und geborgen wurden.

Fast zwei Jahre später ging auch das Schwesterschiff der USS Akron verloren. Die USS Macon hatte dieselbe Größe, konnte aber fünf Aufklärungsflugzeuge tragen. Nach einem Schaden am Heckleitwerk stürzte das Luftschiff am 12. Februar 1935 nahe der südkalifornischen Küste in den Pazifik. Von der Besatzung von 83 Mann überlebten nur zwei den Untergang nicht, man hatte aus den Fehlern bei der USS Akron gelernt: Diesmal befanden sich Schwimmwesten und Rettungsinseln an Bord.

Das Wrack wurde 1990 in 450 Metern Tiefe gefunden und untersucht. 2010 ist es zu einem Unterwasser-Denkmal erklärt worden.

Sonarbilder der Wrackteile der USS Macon in 450 Metern Tiefe.

Eine Curtiss F9C-2 »Sparrowhawk« an der Trapezbefestigung der USS Macon.

Die gut erhaltene Tragfläche eines der Bordflugzeuge auf dem Meeresgrund.

USS Macon über dem Hafen von
New York im Sommer 1933.

»Perdu en mer« – Vermisst über See. Der letzte Flug von Cecil Grace. Illustration des Petit Journal.

DIE FLUGZEUGPIONIERE

In den Geschichten der ersten verschollenen Flug-pioniere geht es um Männer, von denen keiner das Alter von 30 Jahren überschritt. Mit ihren Flügen riskierten sie viel, manche kamen nie an. Vier junge Piloten aus den frühen 1920er-Jahren verschwanden spurlos. Wo genau sie ihr Leben ließen, ist unbekannt – trotz mancher Beobachtungen und den vielen Versuchen verschiedenster Forscher, ihre Flugrouten zu rekonstruieren und bei aufwendigen Suchaktionen die Wracks zu finden.

Die frühen Helden der Luftfahrt waren enthusiastische und technikbegeisterte Menschen, die als erste Menschen den Luftraum erobern wollten – über Land und über Wasser. Militärische Karrieren und begeisterte Geldgeber ermöglichten ihnen ihre Höhenflüge, aber die Erwartungen forderten auch Höchstleistungen von den jungen Männern. Sie wollten immer weitere Strecken am Stück fliegen – nicht mit einem Ballon oder einem Luftschiff, sondern mit zwei Flügeln, wie der mythologische Ikarus, der der Sonne zu nahe kam. Aber anders als in einem Luftschiff oder Ballon flog man in der Anfangszeit der Flugzeuge diese ganz alleine und nicht in einer Gruppe. Der Pilot war auf sich gestellt, auf sein Wissen und seine Instinkte. Die technischen Geräte waren eher das glatte Gegenteil von Autopiloten – anfällig bei Luftdruckschwankungen und Feuchtigkeit, wenig ausgereift, schwer, unhandlich und im wahrsten Wortsinn auch eine Belastung. Und Gewicht ist in der Luftfahrt eine entscheidende Größe. So kam es dann durchaus auch vor, dass die Piloten vor dem Start Geräte wieder ausluden, seien es der Kompass oder gar das Funkgerät.

Cecil Grace (* 1880; † 1910)

Einen großen Anreiz zu fliegerischen Pionierleistungen gab 1909 der Rennfahrer, Pilot und liberale Politiker Maurice Arnold de Forest (1879–1968). Er

Portrait von Cecil Grace.

»Qu'est devenue Cecil Grace?« Illustration auf der Titelseite des »Le Petit Parisien« vom 8. Januar 1911.

23

Eine Short S.27 an Deck der »Hibernia«. Am 9. Mai 1912 startete dieses Flugzeug als erstes von einem fahrenden Schiff.

war begeistert von technischen Neuerungen und setzte mit dem *Baron de Forest Prize* ein Preisgeld von 2.000 Pfund für den ersten Engländer aus, der in einem in England gebauten Flugzeug den Ärmelkanal überquert und eine möglichst weite Strecke fliegt. Als dann der Franzose Louis Blériot im

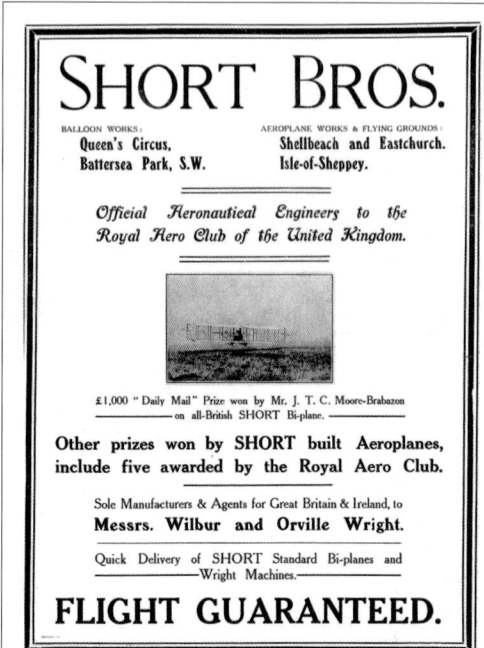

»Flight Guaranteed« – Werbung des Flugzeugherstellers Short von 1910.

Juli 1909 erfolgreich den Ärmelkanal überflog, verdoppelte de Forest das Preisgeld auf 4.000 Pfund. Viele junge englische Piloten rivalisierten, als erster wagte der damals 22 Jahre alte Thomas Sopwith am 18. Dezember 1910 einen Flug von knapp 300 Kilometern nach Belgien – erfolgreich. Seine 4.000 Pfund Preisgeld investierte er in die Einrichtung einer eigenen Flugschule, der *Sopwith School of Flying* in Brooklands. Doch schon wenige Tage nach ihm, am 22. Dezember, flog auch der 30-jährige Cecil Grace in einer Short S.27, gebaut von den Short Brothers, die als der erste Flugzeughersteller der Welt gelten. Doch das Wetter war trüb und der Wind peitschte. Er schaffte es trotzdem nach Calais. Aber es ging ja darum, möglichst weit zu fliegen, und so beschloss Grace, noch einen Versuch zu wagen. Dazu wollte er noch am selben Tag via Dover nach Eastchurch zurückfliegen und von dort aus zu einem weiteren, möglichst weiten Flug zu aufzubrechen.

Grace aß in Calais zu Mittag. Dichter Nebel hing über der See. Trotzdem startete er um kurz nach 14 Uhr Richtung Dover. Knapp 40 Minuten waren für den Flug geplant, doch um 15:30 Uhr war Grace immer noch nicht in Dover. Um 15 Uhr hatte die Küstenwache von Ramsgate ein Flugzeug rund zehn Kilometer von der Küste entfernt Richtung Norden fliegen sehen. Es flog nahe der Goodwin Sands, einer Kette von Sandbänken an der

Mündung der Straße von Dover, die für zahlreiche Schiffbrüche berüchtigt ist.

Welches Schicksal Grace ereilte und ob er die Sandbänke tatsächlich überflog, ist unklar. Tagelang hoffte man, er habe es irgendwie zur Küste geschafft. Aber am 6. Januar 1911 wurden seine Fliegermütze und seine Schutzbrille an der belgischen Küste bei Mariakerk angespült. An der gleichen Stelle fand man später auch das Wrack eines Flugzeugs, möglicherweise war es das von Grace. Am 14. März fand man einen stark verwesten Körper im Hafen von Ostende – doch war es nicht mehr möglich, diesen mit Sicherheit als Grace zu identifizieren. Im gleichen Monat wurde er offiziell für tot erklärt. Er erhielt posthum die Goldmedaille des Royal Aero Club »for his archievements as a pilot and competitor«.

Édouard Bague (* 1879; † 1911)

Édouard Bague liebte das Fliegen so sehr, dass er 1911, im Jahr seines Verschwindens, gleich zwei Bücher über die Faszination des Fliegens herausgab: »Mes premières impressions d'aviateur« und »Nice-Gorgone en aéroplane«. Im selben Jahr plante der damals 32-Jährige, das Mittelmeer mit dem Flugzeug zu überqueren.

Im März machte er den ersten Versuch. Dass er diesen überlebte, bezeichnete ein Reporter der Agentur Reuters als ein Wunder. Denn eigentlich hatte er geplant, in einer ersten Etappe von Antibes nach Ajaccio auf Korsika zu fliegen. Von dort hätte es über einen Zwischenstopp auf Sizilien nach Tunis gehen sollen. Aber schon bei der ersten Etappe ging alles schief. Bague machte einen Fehler bei der Navigation und fand Korsika nicht.

Ein Eindecker des Typs Bleriot XXVII steht am Strand.

Eine englische Werbeanzeige des Herstellers Bleriot von 1910.

Am 25. Juli 1909 überquert Louis Bleriot als erster fliegend den Kanal zwischen Calais und Dover.

Die Bleriot im Flug über den Kanal.

Stattdessen landete er nach einem fünfeinhalbstündigen Flug auf der kleinen, bewaldeten italienischen Insel namens Gorgona. Sein Eindecker des Herstellers Blériot wurde bei der Landung schwer beschädigt, und Bague schwer verletzt. Motiviert aber wird ihn haben, dass er eine Distanz von mehr als 200 Kilometern über das Meer flog und damit einen neuen Rekord aufgestellt hatte.

Das verlangte nach mehr: Schon am 5. Juni 1911 startete der Abenteurer den nächsten Versuch. Ein klein wenig hatte er die Route geändert. Er wollte von Nizza nach Calvi auf Korsika fliegen, von dort nach Ajaccio, dann nach Sassari auf Sardinien, von dort nach Cagliari, dann nach Bizerta in Tunesien und von dort zum Zielpunkt, der Stadt Tunis. Soweit der Plan. Doch bewältigte er von der insgesamt 580 Kilometer weiten Flugstrecke nur einen Bruchteil, bevor er verschwand. Und dies schon kurz nach dem Start in Nizza − vielleicht, weil er keinen Kompass dabeigehabt haben soll. Die Zeitung *Le Petit Parisien* schrieb am 7. Juni, das Flugzeug von Bague sei in der Nähe der Balearen gesehen worden und titelte: »Man hat sämtliche Hoffnungen, den Piloten Bague wiederzufin-

Albert Jewell (* 1886; † 1913)

Der amerikanische Luftfahrtpionier Albert Jewell hatte 1913 zwei Handicaps, als er zu seinem letzten Rekordversuch abhob: Er hatte seinen Pilotenschein erst seit sechs Monaten und außerdem konnte er nicht schwimmen. Was den 27-Jährigen nicht davon abhielt, sich im Oktober 1913 für das von der *New York Times* ausgelobte *American Aerial Derby* anzumelden. Mit dem Wettbewerb wollte die Zeitung an den zehnten Jahrestag von Orville Wrights Flug am 17. Dezember 1903 erinnern. Dabei sollten die Teilnehmer knapp 100 Kilometer weit im Kreis fliegen, ausgehend vom Flugfeld in Oakwood auf Staten Island. Um dort anzutreten, startete Jewell am 13. Oktober auf

Portrait des Vermissten amerikanischen Flugpioniers Albert Jewell.

den, verloren«. Anders die *New York Times* am selben Tag: Sie titelte »Little Hope left for airman Bague« und erzählt von einem Fischer, der das Flugzeug vom Leuchtturm in Garoupe eine Stunde nach seinem Start in Nizza bei hektischen Flugmanövern über dem Meer beobachtet haben will:

» As he watched the machine turned to the right as if the pilot wished to return to the shore. It was pitching and lurching heavily. The fisherman became busy with his lines for a few moments, and when he looked again, the aeroplane was vanished. «

Wohin das Flugzeug verschwunden war, hatte der Fischer nicht gesehen, aber er vermutete, dass es ins Wasser gestürzt war.

Einige Schiffe der französischen Marine suchten nach ihm. Das Verteidigungsministerium schickte die Zerstörer Arbalète und Mousqueton sowie zwölf Torpedoboote. Aber man fand keine Spur von Bague oder seinem Flugzeug.

Die Absturzstelle von Jewells Bleriot wird südlich von Long Island vermutet.

Long Island im Bundesstaat New York, um von dort zum Flugfeld in Oakwood auf Staten Island zu fliegen. Jewell war damals Dozent an der Flugschule von *Moisant* bei Hempstead, so stand ihm ein exklusives Flugzeug zur Verfügung: Ein Eindecker von *Moisant-Blériot*, und zwar in der Version Blériot XI, hergestellt in New York und angetrieben von einem 80 PS starken *Rotary Motor* statt dem üblichen *Gnome Omega* mit nur 50 PS.

Das aber nützte alles nichts. Jewell hob ab – und verschwand über dem Nordatlantik. Augenzeugen sahen die *Blériot* nahe der Südspitze von Long Island, wo sie augenscheinlich aufs Meer hinausgetrieben wurde. Ein Fischer sah an der Halbinsel Sandy Hook in New Jersey ein Flugzeug, das dem von Jewell ähnlich war. Doch ob es der waghalsige Pilot bis dorthin geschafft hatte, ist bis heute unklar. Klar dagegen ist, dass Jewell schlechte Überlebenschancen hatte, sollte er ins Wasser gefallen sein. Denn der Nichtschwimmer hatte nicht einmal eine ordentliche Schwimmweste an Bord, sondern lediglich einen aufgeblasenen Reifenschlauch.

So große Anstrengungen die *Moisant Aeroplane Company* auch unternahm, all ihre Suchaktionen an Land und im Wasser brachten kein Ergebnis. Beinahe wäre es bei der Suche noch zu einem weiteren Unglück gekommen: Für die Piloten in New York war es Ehrensache, mitzuhelfen, doch bei einem Start am 15. Oktober waren Tony Jannus und J. Robinson Hall mit ihrem Doppeldecker verunglückt – blieben aber wie durch ein Wunder weitgehend unverletzt. Die Maschine war nur noch Schrott. So viele auch losflogen oder losfuhren, die Suche blieb ergebnislos. Die Luftfahrtgesellschaft hatte eine Belohnung von 400 US Dollar ausgesetzt, die Witwe von Jewell 300 US Dollar und die *Moisant Aeroplane Company* 250 US Dollar. Am 25. Oktober wurde ein vom langen Liegen im Wasser entstellter Körper in Feuerland an Land gespült, am 4. Januar schwemmte die Strömung einen menschlichen Torso an die Bucht von Edgemere in Queens. Ob es sich bei einer der beiden

Leichen um Jewells handelte, konnte nie geklärt werden. Sein Flugzeug wurde nie gefunden.

Gustav Hamel, the »Man of the day« der Zeitschrift Vanity Fair vom 31. Juli 1912.

Gustav Hamel (* 1889; † 1914)

Gustav Hamel war zum Zeitpunkt seines Verschwindens ein Star: ein 24-jähriger, gut aussehen-
der, gut ausgebildeter und beliebter junger britischer Luftfahrtpionier. Eines seiner Heldenstücke
war, dass er 1911 als einer der ersten Piloten Luftpost für den königlichen Hof transportierte. Ebenso
bewundert wurde Hamel für seine Loopings. 1913
hatte er seine Technik weitgehend perfektioniert.
Er nahm im Jahre 1914 Miss Trehawke Davis mit
an Bord, die so als erste Frau der Welt Loopings
mitflog. Seine Fliegerausbildung bekam Hamel in
Frankreich an der *Blériot Schule*. Er erhielt zwei Pi-
lotenscheine: das Zertifikat Nummer 64 des *Royal
Aero Club* und das Zertifikat Nummer 358 des
Aéro-Club de France. Sein erster Flug, der öffentliche Beachtung fand, war der Geschwindigkeitsre-
kord zwischen Hendon und Brooklands, den er am
24. März 1911 aufstellte, als er die Strecke in nur
58 Minuten zurücklegte.

Weitere Flugschauen und Wettflüge folgten.
Am bekanntesten ist Hamel dafür, dass er als erster Pilot Luftpost von Hendon nach Windsor flog,
um Post auf dem Luftweg zu transportieren – zum
ersten Mal am 9. September 1911: An jenem Tag
benötigte er 15 Minuten für eine Entfernung von
21 Meilen. Geladen hatte Hamel rund 13 Kilo-
gramm Post: 300 Briefe, 800 Postkarten und ein
paar Zeitungen. Auch für König George V. war
eine Postkarte dabei, die er selbst während des
Flugs geschrieben hatte. Bis heute sind die Postkarten mit dem Luftpost-Stempel von damals be-
liebte Sammlerstücke.

Am 23. Mai 1914 verschwand Hamel spurlos
über den Ärmelkanal, als er gerade aus Paris zurückkehrte – mit einem 80 PS starken Eindecker
von *Morane-Saulnier*, den Hamel kurz zuvor erwor-
ben hatte. Die Maschine wurde nie gefunden. Und
so ließen sich auch die Verschwörungstheoretiker,
die einen Absturz aufgrund von Sabotage vermuteten, nie bestätigen, aber ihre Thesen konnten auch
nie widerlegt werden. Am 6. Juli fanden zwei Fischer einen Leichnam im Ärmelkanal vor Boulogne-

Der englische Flugpionier Gustav Hamel im Cockpit
eines Bleriot-Eindeckers.

sur-Mer, berichtete die *New York Times* am 9. Juli.
Auch wenn die Leiche nicht mehr identifiziert werden konnte, titelte die Zeitung »Body surely Hamel's«.
Denn der französische Konstrukteur Morane war
sich sicher. Er hatte Hamel am Morgen seines Ab-
flugs gesehen, wie er eine Landkarte in seine linke
Hosentasche gesteckt hatte:

» A map of London and the south coast of England. It
must have been about 20 inches square. «

Die Karte, die die Fischer bei dem Toten fanden, zeigte London und einen Teil der englischen
Südküste. Die Größe: 18 Quadratzoll. Zudem habe
er Hamel morgens dabei beobachtet, wie er sich
einen weißen Wollschal anzog. Außerdem sagte
Morane:

» I saw him fasten around his waist the red rubber
belt also mentioned by them. It was in reality the in-
ner tube of a bicycle tire. He only put it on at my re-
quest. «

Gustav Hamel startet in England mit einer Bleriot zu
einem Rekordversuch.

Ein Foto des amerikanischen Flugpioniers, Rekordjägers und Postfliegers Lloyd Bertaud aus den frühen 1920er-Jahren.

PIONIERE UND REKORDJÄGER

Mitte der 1920er-Jahre war die Technik der Flugzeuge so weit fortgeschritten, das auch Routen mit größeren Entfernungen über der offenen See gewagt werden konnten. Jede Nation wollte in Sachen Luftfahrt Vorreiter sein, und so wurden überall auf der Welt Flugwettbewerbe veranstaltet. Ein Glück für die Fliegerhelden des Ersten Weltkriegs, die jetzt weiterhin ihre Flugkünste unter Beweis stellen konnten. Private und staatliche Preise wurden ausgelobt. So stiftete etwa der Pariser Hotelier Raymond Orteig 1919 die Summe von 25.000 US Dollar als Preis für den ersten Flug über den Atlantik von New York nach Paris. Dieser Preis war für eine Strecke ausgesetzt worden, deren Entfernung doppelt so groß war wie die des Atlantikflugs von John Alcock und Arthur Whitten Brown im Jahr 1919. Die Konkurrenz zwischen der französischen und der amerikanischen Luftfahrt nahm von Jahr zu Jahr zu, jede Nation wollte als erste starten. Um diese 25.000 US Dollar zu gewinnen, wurde von neun unterschiedlichen Teams eine Gesamtsumme von etwa 400.000 US Dollar investiert. Es gab einige Fehlversuche, bis schließlich Charles Lindbergh am 20. Mai 1927 mit der »Spirit of St. Louis« den Flug schaffte und damit dem »Orteig-Preis« den Stempel »Lindbergh-Preis« aufdrückte. So stürzten beispielsweise 1926 das französische Fliegerass Rene Fock und 1927 der amerikanische Nordpol-Champion Richard Byrd ab, überlebten die Unfälle aber. Sie hatten damit mehr Glück als andere waghalsige Flieger. In diesem Buch aber soll nicht eine Erfolgsgeschichte erzählt werden, sondern Geschichten vom Scheitern. Denn unzählige Forscher, Rekordjäger und Luftfahrtpioniere verschwanden in diesen Jahren in den Weiten des Meeres. Um die bekanntesten unter ihnen soll es im Folgenden gehen.

Mansell Richard James (* 1893; † 1919)

Mansell Richard James, gebürtiger Kanadier und Fliegerheld im Ersten Weltkrieg, verschwand am 2. Juni 1919 nach einem wahren Fliegermeisterstück. Nachdem er nach dem Ersten Weltkrieg nach Kanada zurückgekehrt war – sein Ruf eilte ihm vor-

Eine Sopwith Camel der Royal Airforce.

Vermutlich liegt die Absturzstelle von Mansell Richard James' Flugzeug im Long Island Sound.

THE

SOPWITH

AVIATION COMPANY, LIMITED
KINGSTON-ON-THAMES, ENGLAND.
CONTRACTORS TO H.M. GOVERNMENT.

Telephone: KINGSTON 1988 (8 lines).   Paris Office:
Telegrams: SOPWITH, KINGSTON.   21, RUE DU MONT THABOR.

Werbungsanzeige des englischen Flugzeugherstellers Sopwith.

aus, hatte er doch elf Luftkämpfe gewonnen – kam er in ein Land, in dem ein wahres Flugzeugfieber ausgebrochen war. Überall in den großen Städten wurden Preise ausgesetzt, um Geschwindigkeits- oder Streckenrekorde aufzustellen. James zeigte, was er konnte, auch vor seinem letzten Flug. Am 28. Mai 1919 flog das Fliegerass von Atlantic City in New Jersey nach Boston in Massachusetts, und dies mit einer Fluggeschwindigkeit von 115 Meilen pro Stunde. Das war 25 Meilen pro Stunden schneller als der vorherige Rekord auf dieser Strecke. James gewann den *Boston Globe* und 1.000 kanadische Dollar Preisgeld. Am Morgen des nächsten Tags bereitete er sich auf den Rückflug vor. Auch wenn er ein begabter Pilot war: Im Luftraum von Massachusetts kannte er sich nicht aus und so war es ein schlechtes Zeichen, dass er

Kompass und Karten beim Abflug zurückließ. Das zweite schlechte Omen für seinen Rückflug waren technische Probleme, die ihn bereits am Vortag geplagt hatten. Was die Ursache war, fand man nicht heraus. Techniker rollten die Maschine heraus, er überprüfte den Propeller, kletterte in das Cockpit seiner Sopwith Camel, winkte der Menschenmenge zu, die sich am Flugplatz versammelt hatte, und hob ab. Er zog die Maschine steil nach oben, flog eine scharfe Kurve und raste plötzlich mit der Nase seiner Maschine direkt auf die Menschenmenge zu. Die Zeitung *The Lowell Sun* schrieb danach, es habe alles danach ausgesehen, als würde das Flugzeug direkt in die Menschenmenge stürzen:

» For a moment it looked as if something had gone wrong. When about 50 feet above the crowd he swooped and nosed her up into the sky. But the way that crowd scattered was a caution. And no wonder, for it certainly looked as if that 1,600 pound machine was going to smash right into the crowd and then into the ground. «

Doch im letzten Moment riss er die Maschine wieder nach oben. James peilte Mitchel Field an, 240 Meilen weiter südlich auf Long Island. Doch dort kam er nie an. Als seine Ankunft dort überfällig war, leitete man eine Suchaktion ein. Das letzte Mal wurde er mit Sicherheit um 12:30 Uhr über Hancock in Connecticut gesichtet. Dann gibt es noch zwei weitere Sichtungen, die aber nicht verifiziert werden konnten. So wollen ihn Kinder gesehen haben, die mit ihrer Schulklasse am Mount Stamford in Connecticut ein Picknick machten. Sollte dies stimmen, müsste er es bis zur Küste geschafft haben und dann vermutlich in den Long-Island-Sund, eine Förde im Westen des Atlantiks, gestürzt sein – oder es stimmt die Aussage der Mitarbeiter eines Telegrafenpostens bei Poughkeepsie im Bundesstaat New York, die ebenfalls das Flugzeug gesehen haben wollen.

Die Familie des Piloten setzte jedenfalls eine Belohnung von 500 US Dollar aus für denjenigen, der James finden würde – vergeblich. Zwar meldete zwei Jahre nach dem Unglück ein Fischer, sein Netz habe sich im Hudson River in etwas sehr Schwerem verfangen, doch das einzige, was Taucher fanden, war ein großes, versunkenes Stück Holz. Ebenso konnten weder das Flugzeugwrack, das ein Pilzsammler im August 1919 auf Mount Riga fand, und die Tragfläche, die man 1927 im Long-Island-Sund fand, als Überreste von James Flugzeug identifiziert werden.

George Henry Fraser (* 1868; † 1919) und Cedric Howell (* 1896; † 1919)

Den Ersten Weltkrieg haben sie überlebt und wurden zu Helden, doch im Frieden lauerte bald der Tod. Weil einer dieser schicksalhaften Zufallsgemeinschaft nicht schwimmen konnte, kam es zur Katastrophe. Das hatte sich der britische Flugzeughersteller *Martinsyde* sicher nicht so vorgestellt, als er 1919 Cedric »Spike« Howell und George Henry Fraser, zwei gebürtige Australier und angesehene Kämpfer im Ersten Weltkrieg, für einen neuen Rekordflug auswählte. 1919 setzte die australische Regierung 10.000 australische Pfund als Preisgeld aus – für den schnellsten

George Henry Fraser und Cedric Howell starteten mit einer Martinsyde A zu ihrem letzten Flug.

Flug von England nach Australien in einem im Britischen Weltreich gebauten Flugzeug. Die Reise durfte maximal 30 Tage dauern. Diese Chance ließ sich der britische Flugzeughersteller *Martinsyde* nicht entgehen. Ihr Flugzeug A Mk.I sollte fliegen.

Als Piloten wählte man das hochdekorierte Weltkriegs-Fliegerass Cedric Howell aus. Er war zwar erst 22 Jahre alt, aber bereits einer der besten Kampfpiloten Australiens. 19 Luftsiege hatte er sich in seinem Sopwith-Camel-Doppeldecker erflogen. Schon ein paar Tage nachdem Howell Ende Juli 1919 aus der *Royal Australian Air Force* ausge-

Foto des australischen Jagdfliegers Cedric Howell.

Das Flugzeug stürzte bei der griechischen Insel Korfu in das Mittelmeer.

Anzeige des Flugzeugherstellers Martinsyde aus dem Jahr 1919.

Möglicherweise wurde der Wind zu stark oder sie schafften es nicht, Afrika noch bei Tageslicht zu erreichen. Martinsyde war zu dieser Zeit einer der größten Flugzeughersteller in England. Das Unternehmen wurde 1908 von H.P. Martin and George Handasyde gegründet und firmierte ab 1915 unter dem Namen Martinsyde Ltd.

Es war schon fast dunkel, als ihr Flugzeug um 19:30 Uhr über der Bucht Agios Georgios im Anflug Korfu gesichtet wurde. Warum sie dort eine Notlandung versuchen wollten, ist unbekannt – möglicherweise ging der Treibstoff zur Neige. Sie schafften es aber nicht mehr, die Küste zu erreichen und dort einen Landeplatz zu finden. Ein ortsansässiger Gastwirt erzählte, das Flugzeug sei vier Mal über der Bucht gekreist, bevor es dann rund 200 Meter vom Ufer entfernt wasserte. Auch andere Bewohner der Küste erzählten später, man habe Hilferufe gehört, doch war die See zu rau für einen Rettungsversuch. Man vermutete, dass Cedric Howell noch versucht hat, seinen Begleiter, der nicht schwimmen konnte, an Land zu ziehen. Am nächsten Morgen sah der Gastwirt das Flugzeug in der Bucht treiben, doch von den Insassen fehlte jede Spur.

Wenige Tage später wurde der Körper von Howell ans Land gespült, auch seine Uhr fand man, sie war um 02:50 Uhr stehengeblieben. Er bekam eine große Beerdigung mit allen militärischen Ehren am Berg Aphiona auf Korfu, am Ende der Bucht, in der er starb. 1920 wurden seine Gebeine nach Australien überführt. Er wurde auf dem Friedhof in Heidelberg bei Melbourne nochmals mit militärischen Ehren beigesetzt. Sein Schicksal wurde knapp formuliert mit:

» Died at sea, San Giorgio Bay, Corfu, 9 / 12 / 1919 – wreck of aeroplane «.

George Henry Frasers sterbliche Überreste wurden nie gefunden. Er war zu seinem Todeszeitpunkt entweder 39 oder 40 Jahre alt, sein Geburtsdatum wird unterschiedlich angegeben. Am 17. Dezember wurde er offiziell als vermisst gemeldet. An ihn wird am Hollybrook Memorial in Southampton in Großbritannien erinnert.

schieden war, bot ihm *Martinsyde* an, an dem Wettflug teilzunehmen. Als Begleiter bestimmte man den Navigator Fraser, der sich mit Rolls-Royce-Motoren gut auskannte. Nach dem Krieg hatte der erfahrene Navigator und Mechaniker bei den Rolls-Royce-Werken angefangen, die den Motor für die A Mk.I hergestellt hatten.

Kurz nach dem Start am 4. Dezember 1919 vom *Hounslow Heath Aerodrome* kamen die beiden in schlechtes Wetter und mussten schon in Dijon in Frankreich wieder landen. Am nächsten Tag ging es weiter nach Pisa in Italien, wo der Sporn am Fahrwerk ausgewechselt wurde. Am 6. Dezember erreichten die Piloten Neapel, am 10. Dezember sollte es von Taranto nach Afrika gehen. Die Maschine hob um 11:15 Uhr mit knapp 600 Litern Treibstoff im Tank ab. Doch wieder war das Wetter schlecht, der Wind wurde immer stärker. Deshalb änderten Howell und Fraser ihren Kurs Richtung Kreta. Über den Grund dafür wird viel spekuliert.

Artur de Sacadura Freire Cabral
(* 1881; † 1924)

Er schoss die ersten Luftaufnahmen bei der Überquerung des Südatlantiks. Er war kurzsichtig, was ihm möglicherweise zum Verhängnis wurde. Der portugiesische Luftfahrtpionier und Marineoffizier Artur de Sacadura Cabral hatte 1922 zusammen mit Gago Coutinho den ersten Flug über den Südatlantik von Lissabon nach Rio de Janeiro geschafft, bei dem auch erstmals ausschließlich astronomische Navigationsinstrumente zum Einsatz kamen.

Sein Verschwinden am 15. November 1924 über dem Ärmelkanal wird auf dichten Nebel und seine Kurzsichtigkeit zurückgeführt. Sein Gebrechen hatte den damals 43 Jährigen nie vom Fliegen abgehalten. Vier Tage nach dem Unglück wurden die Überreste des Flugzeugs gefunden, doch

Der berühmte portugiesische Pilot Artur de Sacadura Freire Cabral.

die Leichen von Sacadura Cabral und seinem Kopiloten José Correia blieben verschollen. In Lissabon und in seiner Heimatstadt Celorico da Beira erinnern Statuen an Sacadura Cabral.

SACADURA CABRAL e GAGO COUTINHO
O padrão que deverá ser erigido no Posto da Aviação Marítima

Artur de Sacadura Freire Cabral und Gago Coutinho überquerten 1922 als erste den Südatlantik.

Auf einem Flug von den Niederlanden nach Portugal stürzte das Flugzeug von Cabral in die Nordsee.

35

Die portugiesischen Pioniere Artur de Sacadura Freire Cabral und Gago Coutinho.

Die »Old Glory« von Lloyd Bertaud, ein Fokker VIIa Eindecker, über dem offenen Meer.

Lloyd W. Bertaud (* 1895; † 1927)

Vor seinem Verschwinden erregte Lloyd W. Bertaud großes Aufsehen: Der amerikanische Flieger war kurz zuvor dazu auserkoren worden, mit der WB 2 »Columbia« von Europa über den Atlantik nach Amerika zu fliegen. Er sollte den »Ortheig-Preis« gewinnen. Im Falle des Erfolgs war ihm das Preisgeld von 25.000 US Dollar versprochen worden. Für den Fall, dass er und und der Kopilot Clarence D. Chamberlain über dem Meer abstürzten, sollte seine Familie finanziell abgesichert werden. Doch dann fühlte sich Charles A. Levine, der Eigentümer der *Columbia Aircraft Corporation*, übergangen und weigerte sich, den Vertrag zu unterzeichnen. Statt Bertraud wollte Levine selbst Kopilot auf diesem historischen Flug werden. Bertaud versuchte das abzuwenden und bot sogar an, das Flugzeug zu kaufen, um mitfliegen zu können. Doch Levine lehnte ab und bestand darauf, anstelle von Bertaud zu fliegen. Dieser ließ sich das nicht gefallen, erwirkte eine gerichtliche Verfügung und verhinderte so den Flug.

Das war die Chance für Charles Lindbergh. Er flog, erreichte das Ziel und gewann so den »Ortheig-Preis«, der seitdem umgangssprachlich als »Lindbergh-Preis« bekannt ist. Levine kochte vor Wut, feuerte Bertaud und ließ sich schon zwei Wochen später von Chamberlain nach Deutschland fliegen. So wurde er am 4. Juni 1927 zum ersten Passagier auf einem Nonstop-Flug über den Atlantik. Das eigentliche Ziel war Berlin. Wegen Treibstoffmangels landeten sie allerdings bereits 160 Kilometer weiter südwestlich. Dennoch übertrafen sie Lindberghs Streckenrekord um rund 500 Kilometer.

Bertaud war neidisch auf diesen Rekordflug und versuchte, den Flugzeugkonstrukteur Giuseppe Mario Bellanca dazu zu bringen, ihm ein Flugzeug für einen Nonstop-Flug nach Paris zu bauen. Doch so eine Spezialanfertigung hätte viel Zeit in Anspruch genommen – und die hatte Bertaud nicht. Er war daher sehr erfreut, dass es ihm gelungen war, Phillip Payne, einen Redakteur der Zeitung *Daily Mirror* von William Randolph Hearst, dafür zu gewinnen, eine Fokker VIIa aufzutreiben; dies unter der Bedingung, dass Payne ebenfalls mitfliegen darf und die Rechte an der Berichterstattung erhält.

Los gehen sollte es am 6. September 1927. Man taufte den Fokker-Eindecker auf den Namen »Old Glory«. Es musste nur noch geklärt werden, wer die Maschine fliegen würde. Bertaud und sein Kollege James DeWitt Hill knobelten es aus – Hill gewann. Daraufhin flogen Hill, Bertaud und Journalist Payne ab – obwohl das Flugzeug überladen war. Sie scheiterten: Das Flugzeug stürzte ins Meer. Nur ein Stück einer Tragfläche wurde mehr als tausend Kilometer östlich von Neufundland gefunden.

Ein Jahr nach ihrem Verschwinden benannte man drei Seen in der Provinz Ontario im Südosten Kanadas nach den verschollenen drei Männern.

Die Rekordjäger James DeWitt Hill und Lloyd Bertaud kurz vor dem Start zu ihrem letzten Flug.

Charles Nungesser (* 1892; † 1927)

Charles Nungesser (geb. 15. März 1892; verschollen 8. Mai 1927) war einer der erfolgreichsten französischen Jagdflieger seiner Zeit und ein absoluter Draufgänger. Seine Kindheit verbrachte er in Paris, sein Vater war Metzger, seine Mutter adliger Abstammung. Die Eltern trennten sich, als er zehn Jahre alt war. Er wuchs bei seiner Mutter auf und interessierte sich früh für die Luftfahrt. In jungen Jahren gründete er in Paris eine Flugschule, verschuldete sich und wanderte als 20-Jähriger nach Buenos Aires in Argentinien aus. Dort lebte er als Schauspieler und Sportler und verdiente sein Geld auf der Autorennbahn – zunächst als Mechaniker, später als Rennfahrer. Er nahm Flugstunden und kehrte zu Beginn des Ersten Weltkriegs nach Frankreich zurück. Dort meldete er sich zu einem Husarenregiment. Nach erfolgreichem Einsatz wurde er ausgezeichnet und auf seinen Wunsch zur Luftwaffe versetzt. Nachdem er mehrere Jagdeinsätze mit waghalsigen Flugkunststücken beendet hatte, wurde er mit acht Tagen Arrest bestraft. Dieser aber wurde aufgehoben, als er kurz darauf die zweite deutsche Albatros abschoss.

Nungesser liebte es martialisch. 1916 ließ er sein Flugzeug – eine Nieuport 17 – mit seinen Husaren-Insignien bemalen, die fortan all seine Flugzeuge trugen: ein schwarzes Herz, darauf ein Sarg, ein Totenschädel mit gekreuzten Knochen und zwei Kerzenleuchtern. Seine Bilanz des Kriegs: Er schoss 43 deutsche Flugzeuge und Fesselballone

Charles Nungesser und François Coli sind das Motiv einer französischen Briefmarke von 1967.

Zum Gedenken benannten die französischen Flieger Le Brix und Costes ihr Flugzeug »Nungesser-Coli«.

ab, erlitt einen schweren Flugunfall, diverse Verwundungen aus Kämpfen – Kugeln trafen ihn im Mund, am Ohr und im rechten Arm –, hinzu kam ein schwerer Autounfall. Nach Kriegsende gründete er eine Flugschule, musste aber bald Konkurs anmelden. Daraufhin brach er zu einer USA-Tournee auf und zeigte an 55 Orten seine Luftkampftaktiken.

1927 verlor er als 35-Jähriger die Lust am Tingeln und wollte wieder ein Held sein. Er wollte der Erste sein, der sich den Traum aller damaligen Flugpioniere erfüllt: einen Nonstop-Flug über den Atlantik. Nungesser war mit seinem Navigator François Coli nur 13 Tage vor Lindbergh gestartet. Diese beiden französischen Männer machten ihr Leben und ihr mysteriöses Verschwinden zur Legende.

NUNGESSER et COLI - Les Héros du raid " Paris-New-York " et l'Avion marin P. Levasseur, moteur Lorraine-Diétrich

»Les Heroes du raid Paris – New York«.

An jenem 8. Mai 1927 herrschte morgens um 5 Uhr am Rollfeld im französischen Le Bourget großes Gedränge. Auch viel Prominenz war gekommen, unter anderem Charles Dollfus, der Vorsitzende des *Aéro-Club de France*, die Tänzerin Josephine Baker und der Entertainer Maurice Chevalier. Kaum ein Zuschauer glaubte daran, dass Nungesser mit seiner »Oiseau blanc« (deutsch: »Weißer Vogel«), abheben würde. Es handelte sich um den Prototypen PL 8 mit einem Gewicht von fünf Tonnen. Der französische Flugzeugkonstrukteur Leon Levasseur hatte den Doppeldecker mit einem Lorraine-Dietrich-12 Eb-Motor mit 450 PS extra für den Transatlantik-Flug entwickelt. Am Ende des Rollfelds warteten Krankenwagen.

Noch eine letzte Massage und ein letzter Kaffee. In letzter Minute ließ Nungesser aus Gewichtsgründen noch 200 Liter Treibstoff ab und lud das Funkgerät wieder aus. Seine letzten Münzen warf

Charles Nungesser.

Für die vermissten französischen Flieger Nungesser und Coli wurde ein Denkmal errichtet.

der Mann mit der schwarzen Augenbinde über dem linken Auge unter das Publikum. »Wir starten ohne einen Sous und riskieren unsere Haut. Wenn die Amerikaner unsere Pässe wollen, kehre ich einfach um«, sagte er, lachte und schaute in den bewölkten Himmel. Coli ergänzte: »Wir werfen all unseren Ballast ab, sogar unser Geld.«

»Das Flugzeug rollte 600 Meter, hob ab, setzte zunächst wieder sanft auf der Rollbahn auf und schwang sich dann in die Lüfte«, berichtet Charles Dollfus später über den Start. Um 6:21 Uhr warf der »Weiße Vogel« das Fahrwerk ab, um Gewicht zu sparen, und peilte New York an. Ein Flugzeug mit Kamera und Journalisten folgte. Bis auf den Umstand, dass das Heck des »Weißen Vogels« etwas schief gehangen haben soll, schien alles bestens zu verlaufen. Um 6:45 Uhr erreichte Nungesser den Ärmelkanal. Die französische Zeitung *La Presse* berichtete schon voreilig am 8. Mai über den Rekorderfolg vom 9. Mai.

Aber Nungesser und Coli tauchten in den USA nie auf, auch nicht anderswo, und sind bis zum heutigen Tage verschollen. Zum letzten Mal wurde ihr Flugzeug in der Normandie bei Étretat gesichtet. Irland hat es wahrscheinlich auch überflogen, was ein britischer Marineoffizier die Sichtung in seinem Bordbuch vermerkte. Paris und Washington erhielten inoffiziell die Information, dass der »Weiße Vogel« in Neufundland gesichtet worden sei, schrieb damals die *New York Times* und spekulierte, ob die zwei Abenteurer dort hätten notlanden müssen. Nach heutigem Wissensstand glaubt man, dass Nungesser zwar noch den amerikanischen Kontinent erreichte, aber soweit nach Norden abgetrieben wurde, dass es ihm nicht mehr gelang, sich am Sankt-Lorenz-Strom zu orientieren und Québec zu erreichen. Es wird auch vermutet, dass der Treibstoff ausgegangen war und sie es deshalb nicht bis Québec schafften. Möglicherweise sind sie aber auch mit ihrem Flugzeug am Küstengebirge des US-Bundesstaats Maine zerschellt, weil der Höhenmesser nach dem Durchqueren eines Tiefdruckgebiets nicht mehr funktionierte.

Roald Amundsen (* 1872; † 1928)

Um den Pol-Bezwinger Roald Amundsen ranken nicht nur unzählige Mythen, er war selbst ein Mythos. Er war der bekannteste Polarforscher, der wohl größte Nationalheld Norwegens und ein rekordversessener Abenteurer, ehrgeizig und voller Kampfesgeist. Aber er war nicht nur der Gewinnertyp, sondern auch ein Mensch mit Herz. Dies bewies er dadurch, dass er sein eigenes Leben aufs Spiel setzte, um einen in Not geratenen Konkurrenten zu retten – und bei diesem Versuch starb.

Doch vor seinem Tod soll hier zunächst kurz sein Leben beleuchtet werden. Amundsen, Sohn eines Reeders, träumte schon als 15-Jähriger davon, Entdecker zu werden und die Pole zu erforschen – ganz so, als wäre seine Mission gewesen, seinen ungewöhnlichen Vornamen Fleisch werden zu lassen: Denn Roald ist die Kurzform von Rodewald, übersetzt »der den Wald rodet«, was eine Entsprechung für »der Ruhmreiche, der Herrscher« ist. Schon als Bub verschlang er die Reiseberichte des englischen Polarforschers John Franklin sowie die Berichte über den norwegischen Entdecker Fridtjof Nansen. Doch studierte er seiner Mutter zuliebe zunächst zwei Jahre lang Medizin. Als sie starb, schmiss er sein Studium hin. Geld war schließlich genug da.

Er wurde Seemann und heuerte auf Frachtern und auf Robbenfangbooten an. So gelangte er als

Das umgerüstete Flugboot Dornier Wal kurz vor dem Start in Richtung Nordpol im Mai 1925.

Das von Amundsen bei seiner Polarexpedition 1926 genutzte Luftschiff Norge neben dem Hangar in der Kings Bay, Spitzbergen.

20-Jähriger zum ersten Mal in arktische Gewässer, machte sein Steuermannspatent und nahm 1897 als Steuermann zum ersten Mal an einer Expedition in die Südpolarregion unter der Leitung des belgischen Barons Adrien de Gerlache teil. Dabei erlebte er unmittelbar am eigenen Leib, dass es noch immer »weiße Flecken« auf den Landkarten gab und dass es lebensgefährlich war, diese zu entdecken. Bei einem Sturm ging ein Mann über Bord, dann fror das Schiff im arktischen Winter ein und die Expedition war gezwungen, die dunklen und kalten Monate abzuwarten, bevor es wieder losgehen konnte. Monatelang Hunger, Skorbut und die Eiseskälte setzen der Mannschaft schwer zu. Fast vergessen war da der Triumph, dass sie zuvor eine Meerenge entdeckt hatten, die bis dahin auf keiner Karte verzeichnet war – sie wurde später nach Gerlach benannt. Doch dann kam mit dem Sommer die Sonne wieder. Man sprengte das Schiff frei und Amundsen steuerte es mit großem

Geschick aus dem Packeis heraus. Zum ersten Mal wurde die Öffentlichkeit auf den körperlich und seelisch unglaublich belastbaren Abenteurer Amundsen aufmerksam. Dieser macht sein Kapitänspatent und plante eine eigene Expedition.

Dazu kaufte sich der damals 29-Jährige einen kleineren Fischkutter, wählte sorgsam eine Mannschaft von sechs Männern aus und bereitete alles vor, um die Nordwestpassage zu entdecken, jene vermutete Verbindung zwischen Atlantik und Pazifik. Mehr als 400 Jahre hatten die seefahrenden Nationen nach diesem Seeweg gesucht, der nördlich des amerikanischen Kontinents den atlantischen mit dem pazifischen Ozean verbindet. Das Vorbild von Amundsen, John Franklin, war auf der Suche verschollen. Man forschte jahrelang, wo dieser in der weißen Wüste verschwand. Dabei konnte Robert McClure schließlich als erster den nordpolaren Archipel durchqueren. Die erste komplette seemännische Durchfahrt durch die Nord-

Die Latham 47 von Roald Amundsen kurz vor ihrem letzten Start in Tromsö am 18. Juni 1928.

westpassage gelang allerdings Roald Amundsen in den Jahren 1903 bis 1906. Von den Inuit hatte er sich Überlebensstrategien erlernt, um in der Eiswüste zurecht zu kommen. Die Durchquerung der Nordwestpassage machte Amundsen zur Weltsensation, doch die schnelle Reaktion der amerikanischen Presse hatte für den Forscher auch ihre Schattenseite. Er hatte seinen Erfolg unmittelbar nach der Ankunft in Alaska per Telegramm nach Hause gemeldet. So kam die Nachricht in die Welt und die Pressepartner, mit denen er zuvor Exklusivverträge ausgehandelt hatte, weigerten sich zu zahlen. Amundsen war finanziell ruiniert und umso glücklicher, dass er von der norwegischen Regierung immerhin 40.000 Kronen geschenkt bekam, so dass er wenigstens seine Schulden begleichen konnte.

Von den finanziellen Sorgen ließ Amundsen sich aber nicht entmutigen und nahm den Südpol ins Visier. Die englischen Abenteurer Ernest Shackleton und Robert Falcon Scott hatten dort bereits ihre Marken gesetzt, und im August 1910 brach auch Amundsen mit der Fram auf. Offiziell war er mit seiner 18-köpfigen Mannschaft auf dem Weg in die Arktis, aber in Madeira erklärte er seinen Mannen, dass es stattdessen in die Antarktis gehe. Sie akzeptierten, und so gab er am 2. Oktober 1910 auch der Presse das wahre Ziel seiner Reise bekannt. In Norwegen hatte er sein wirkliches Ziel aus Angst vor kritischen Stimmen an ei-

nem etwas übereilt erscheinenden Südpol-Abenteuer lieber verschwiegen, nur sein Bruder war eingeweiht. An Bord der Fram befanden sich 97 Huskies und ein Kanarienvogel, 3.000 Bücher, ein Grammophon, Essensvorräte für zwei Jahre und eine zerlegbare Fertighütte aus Holz. Am 14. Januar 1911 erreichte das Schiff das Ross-Schelfeis an der Bucht der Wale. Hier baute Amundsen sein Basislager auf – ein riskantes Unterfangen, denn unter dem Eis befand sich kein fester Boden, sondern lediglich Wasser. Wohl weil die Eiskante abstürzte, versank Amundsens Lager später im Wasser.

Amundsen und Scott nahmen fast gleichzeitig ihren Wettlauf zum Pol auf. Amundsen entschied ihn für sich, er erreichte am 14. Dezember 1911 den Südpol. Damit schaffte er es, dem Engländer den sicher geglaubten Sieg zu entreißen und feierte dies mit Seehundfleisch und Zigarren. In den folgenden vier Tagen nahm Amundsen viele Messungen vor. Außerdem verfasste er zwei Briefe: einen an König Haakon, den anderen an seinen Rivalen Robert Falcon Scott. Er hinterließ ihm außerdem einen Sextant, Fausthandschuhe und Fußsäcke aus Rentierfell. Doch auch wenn Scott nur wenige Tage später am 18. Januar 1912 den Südpol erreichte, kehrten er und seine Mannschaft nie mehr zurück. Sie starben wahrscheinlich am 29. März 1912 in ihrem von Schneestürmen durchgeschüttelten Zelt. Amundsen aber bewältigte den Rückweg in einer Rekordzeit von 99 Tagen und galt danach als Held.

Nun war es für ihn an der Zeit, sich wieder eine neue Herausforderung zu suchen: das Fliegen. Damals kam die Fliegerei an den Polen gerade auf und Amundsen wollte sich auch in diesem Bereich ein Denkmal setzen. Am 11. Juni 1914 machte er den Flugschein – es war der erste, der in Norwegen vergeben wurde. Aber dann kam der Krieg und Amundsen musste seine fliegerischen Pläne zunächst auf Eis legen. Er ließ sich stattdessen ein Schiff bauen und überwinterte 1918 an der nordsibirischen Küste. Drei Jahre forschte er im sibirischen Eismeer und erkundete die Küste bis zur Beringstraße. Nach Kriegsende schaffte er es dann endlich, dank finanzieller Unterstützung seines Mäzens, dem amerikanischen Millionär Lincoln Ellsworth. Man kaufte zwei Großflugboote des Typs Wal von *Dornier*, landete mit diesen 1925 aber in einem Fiasko. Es gelang ihnen zwar, sich mit den Flugzeugen dem Nordpol sehr weit zu nähern – weiter als alle Piloten vor ihnen –, doch bei der Landung nahm eines der Flugzeuge schweren Schaden. Man glaubte Amundsen und seine Mannschaft schon verloren, doch sie konnten innerhalb von drei Wochen im Eis eine Startbahn für ihr Flugzeug bauen und wieder zurückfliegen.

Amundsens Ehrgeiz war entfacht. Er stieg nun jedoch vom Flugzeug auf das Luftschiff um. Mit dem italienischen Polarforscher Umberto Nobile und Lincoln Ellsworth wagte Amundsen 1926 die Überquerung der Arktis in dem 106 Meter langen Luftschiff Norge. Auch wenn sie möglicherweise nicht die ersten waren, denen das fliegerische Kunststück gelang – angeblich hatte es drei Tage zuvor bereits Richard Byrd geschafft: Zur damaligen Zeit war dies eine großartige Errungenschaft. Über dem Pol hatte man mit Eierlikör angestoßen, aber schon vor, während und vor allem nach dem Flug herrschte Hochstimmung. Eigentlich hätten sich die Pioniere nach dieser Höchstleistung auf ihren Lorbeeren ausruhen und ihren Ruhm auskosten können. Doch die Rivalität war stärker. Denn Amundsen hatte sich von seinem Gönner, dem amerikanischen Millionäre Lincoln Ellswood, nicht nur das Luftschiff von Nobile kaufen lassen – sondern auch den Konstrukteur und Piloten selbst. Dieser war jedoch eifersüchtig, wenn nicht gar neidisch auf den unbestritten populäreren Amundsen. Denn während Nobile das Luftschiff mehr als 70 Stunden lang ohne Schlaf oder Unterbrechung durch dichten Nebel und über hohe Eisberge gesteuert hatte, war Amundsen nur Passagier gewesen. Doch als offizieller Organisator und Leiter der riskanten Unternehmung war es Amundsen, dem der Großteil des Ruhms zuteil

Roald Amundsen am Steuer seines Expeditionsschiffes »Maud« in den 1920er-Jahren.

ward. Für Nobile war diese Situation unerträglich. Also riskierte er einen zweiten Flug, angestachelt vom damaligen Luftfahrtminister Mussolini der faschistischen Regierung Italiens. Nobile wollte diesmal alleine mit einer ausschließlich italienischen Mannschaft fliegen, um Amundsen seinen Triumph abzujagen.

Am 15. April 1928 machte sich das Luftschiff »Italia« mit Umberto Nobile und einer 17-köpfigen italienischen Besatzung von Mailand auf den Weg in Richtung Pol. Am 6. Mai erreichte es Ny Ålesund. Am 23. Mai ging es frühmorgens um 4:20 Uhr los Richtung Pol. 20 Stunden überflogen die italienischen Passagiere den Pol, was sie stolz über Funk verkündeten. Doch auf dem Rückweg wurden sie von einem heftigen Schneesturm überrascht. Das Steuerruder und die Motoren vereisten und das Luftschiff war nicht mehr zu manövrieren. Kurz bevor das Luftschiff den Boden streifte, wurde per Funk ein Notruf abgesetzt. Dann riss die Kommandokabine auf. Nobile und weitere neun Mann wurden herausgeschleudert und landeten auf dem Packeis. Einer der Männer kam dabei zu Tode. Das Luftschiff zerschellte. Das Funkgerät funktionierte nicht mehr.

Das Unglück war weltweit in den Schlagzeilen: Leben die Helden noch, und wenn ja, wie lange halten sie das lebensfeindliche Klima am Nordpol aus? Mit diesen Fragen beschäftigten sich alle Zeitungen. Auch Amundsen erfuhr so noch am selben Tag von dem Unglück. Für ihn war es Ehrensache, sich an der international angelegten Suchaktion zu beteiligen. Am 18. Juni 1928, auf

Der Absturzort der Latham 47 von Roald Amundsen wird im Seegebiet der Bäreninsel vermutet.

den Tag genau 25 Jahre nachdem er seine Karriere als Polarforscher auf seinem ersten eigenen Schiff begonnen hatte, machte er sich mit einem 1.000 PS starken zweimotorigen Flugboot des Typs Latham 47 auf den Weg. Bei dem Flugzeug handelte es sich um eine französische Leihgabe. Von Bergen in Norwegen flog er – mit Zwischenlandung in Tromsø – in Richtung Spitzbergen. Es sollte sein letzter Flug sein. Fischer sahen das Flugzeug noch in eine Nebelbank eintauchen. Dann war es für immer verschollen. Nur fünf Tage später konnten Nobile und sieben andere Überlebende geborgen werden, elf weitere waren bereits tot. Zunächst dachte man, auch Amundsen würde zurückkehren oder gefunden werden. Man nahm an, er habe notlanden müssen und sei noch am Leben. Doch als ein Fischerboot am 30. August nördlich von Tromsø eine der Schwimmkufen und einen Treibstofftank des Flugzeugs aus dem Eiswasser fischte, wurde klar, dass Amundsen verloren war. Wahrscheinlich hatte er die Maschine notwassern müssen und versank mit ihr nahe der Bäreninsel im Eismeer. Vergeblich hatten Amundsen und sein Kopilot wohl versucht, sich zu retten, denn der gefundene Schwimmer wies Bearbeitungsspuren auf.

Bestürzt trauerten die Norweger um ihren Nationalhelden. Es war ein schwacher Trost, dass er kurz vor seinem letzten Flug einem Journalisten noch in die Feder diktiert hatte, dass er am liebsten am Nordpol begraben werden würde:

» Ein Flug über das Eis birgt immer ein Risiko. Aber ach, wenn Sie je gesehen hätten, wie herrlich es an den Polen ist. Dort möchte ich einmal sterben. Ich hoffe, der Tod kommt zu mir wie zu einem Ritter, wenn ich auf großer Fahrt bin. «

Trotzdem konnten es die Norweger zunächst nicht glauben, dass Amundsen, der so oft dem Tod getrotzt hatte, nun verloren gegangen war. Viele klammerten sich bis in die 1930er-Jahre an Gerüchte, Amundsen lebe nun bei den Eskimos.

Dass der Held, der wahrscheinlich als erster Mensch den Nord- und den Südpol überflogen hatte, keine

Spuren hinterließ, liegt wohl daran, dass es beim Bau von Flugzeugen auch in der Anfangszeit sehr auf ein geringes Gewicht ankam. So bestand der größte Teil der Latham aus Holz und Leinwand. Nur die Propeller, die normalerweise auch aus Holz bestanden, hatte Amundsen wegen zu erwartendem Schnee und Hagel durch Propeller aus Aluminium ersetzt. Sie könnten also noch erhalten sein, ebenso die zwei Motoren und die Kühlung aus Messing.

Diese Teile zu finden war der Grund für viele Suchexpeditionen. Die letzte große begann am 24. August 2009. Mit zwei Schiffen der norwegischen Marine fuhren die Forscher zur Bäreninsel in der Barentssee. Moderne Sonar-Anlagen und Tauchroboter sollten das versunkene Wrack orten. Doch die Anstrengung war vergeblich, man fand keine Spur und stellte die Suche nach zwölf Tagen ein.

Das Luftschiff »Italia« von Umberto Nobile über der italienischen Hauptstadt.

Portrait des berühmten australischen Fliegers Charles Kingsford Smith.

Charles Kingsford Smith (* 1897; † 935)

Der berühmte australische Flugpionier verschwand bei einem Rekordversuch auf der Strecke England–Australien spurlos mit seinem Kopiloten. Nahe der Küste Myanmars fanden Fischer mehr als ein Jahr später einen Teil des Fahrwerks seiner Maschine, der Lockheed Altair mit dem Namen »Lady Southern Cross«. Dieses Fahrwerk befindet sich heute in einem Museum in Sydney.

Die Flieger C. Kingsford Smith und C. Ulm bei dem ersten Trans-Pazifik zwischen den USA und Australien im Juni 1928.

Die Lockheed Altair mit dem Namen »Lady Southern Cross« in Hawaii. Charles Kingford Smith wird nach seiner Landung am 29. Oktober 134 von der Menge gefeiert.

Die Latécoère 300 »Croix du Sud« im September 1934 in Natal, Brasilien, beim Entladen der Luftpostfracht.

»Um so schneller – um so wirtschaftlicher«: Werbung und Preisliste der Aeropostal für Südamerika.

Jean Mermoz (* 1901; † 1936)

Jean Mermoz war in Frankreich neben Antoine de Saint-Exupéry einer der bekanntesten Piloten und Flugpioniere seiner Zeit. Zusammen waren die befreundeten Piloten am Aufbau neuer Flugverbindungen in Südamerika beteiligt. Zuvor hatte sich Mermoz als Militärpilot und Postflieger in Afrika bereits einen Namen gemacht. Den Südatlantik hatte er bereits viele Male überflogen, als er am 7. Dezember 1936 zu einer erneuten Überquerung aufbrach. Doch dieser Flug stand unter keinem guten Vorzeichen, denn schon kurz nach dem Start musste er wegen Motorproblemen wieder umkehren. Nach einer nur provisorischen Reparatur startete er erneut. Er verschwand spurlos mit seinem Flugzeug, einer Latécoère 300 mit dem Namen »Croix du Sud«, und seiner Besatzung südlich der Kapverden im Atlantik. In seinem letzten Funkspruch nennt er die Position: »11°08 Nord, 22°40 Ouest«.

Sigismund Lewanewski (* 1902; † 1937)

Sigismund Lewanewski war einer der berühmtesten russischen Piloten, der »russische Lindbergh«. 1934 wurde ihm mit sechs anderen Piloten der Orden »Held der Sowjetunion« verliehen. Sie hatten mit Flugzeugen die Besatzung eines im Eismeer versunkenen Dampfers von einer Eisscholle gerettet und ausgeflogen. Bei dem Versuch, von Moskau aus über den Nordpol in die Vereinigten Staaten zu fliegen, verschwanden er und weitere fünf Besatzungsmitglieder mit einer russischen DB A am 13. August 1937 spurlos in der Nordpolarregion. Trotz einer ausgedehnten Suchaktion, an der mehrere Flugzeuge aus Russland, den USA und Kanada beteiligt waren, konnten sie nie gefunden werden. 1999 soll vor der Nordküste Alaskas bei Sonar-Messfahrten im Rahmen einer Suche nach Bodenschätzen ein Wrack geortet worden sein. Ob es sich dabei um das Flugzeug von Lewanewski handeln könnte, ist bislang nicht bekannt.

Der russische Flugpionier und »Held der Sowjetunion« Sigismund Lewanewski.

Die Besatzung der »Dawn« kurz vor dem Start zu ihrem letzten Flug über dem Nordatlantik: Brice Goldsborough, Frances Wilson Grayson und Oskar Omdal.

LADIES DER LÜFTE

Fliegermütze, Lederjacke, fester Blick in die Kamera: Die weiblichen Flugpioniere aus den 1920er- und 1930er-Jahren haben mit dem damaligen Frauenbild wenig gemeinsam. Statt ein Korsett zu tragen, erfand etwa die amerikanische Flugpionierin Amelia Earhart den berühmten Flieger-Overall mit Reißverschluss. Ihrem Mann legte sie einen Ehevertrag vor – damals eine Ungeheuerlichkeit. Die vier Frauen, denen folgendes Kapitel gewidmet ist, gingen leidenschaftlich gerne in die Luft und machten als Vorkämpferinnen der weiblichen Emanzipation auch sonst von sich reden. Sie stellten Rekorde auf, wollten im wahrsten Wortsinn immer höher und vor allem weiter hinaus und verschwanden beim Flug über den Ozean. Abgetaucht auf der Suche nach Abwechslung. Spurlos verschwunden bis heute. Auf was sie sich einließen, wussten sie. So sagte Amelia Earhart, die berühmteste unter ihnen, kurz vor ihrem Verschwinden:

» Ich möchte Ihnen zu bedenken geben, dass ich mir über die Gefahren ziemlich im Klaren bin. Ich will es tun, weil ich es tun will. Frauen müssen Dinge genauso versuchen, wie Männer es getan haben. Wenn sie versagen, darf ihr Versagen nichts anderes sein als eine Herausforderung für andere. «

Beflügelt hatte die Frauen ein Mann, auf den die Frauen nur so flogen: Charles Lindbergh, der im Mai 1927 die erste Nonstop-Alleinüberquerung des Atlantischen Ozeans mit seinem einmotorigen Flugzeug, der „Spirit of St. Louis", geschafft hatte. Diesem Fliegerhelden mit den angeblich drei Familien diesseits und jenseits des Atlantiks und gleich auch der ganzen männlich dominierten Fliegerwelt wollten es die Flugpionierinnen zeigen: Dass Frauen nicht nur gut sind darin, Helden im Cockpit zu anzuhimmeln, sondern dass sie auch selbst mit dem Steuerknüppel in der Hand nach den Sternen greifen wollen und können.

Anne Prinzessin zu Löwenstein-Wertheim-Freudenberg (* 1864; † 1927)

Die erste Frau, die den Nonstop-Flug über den Atlantischen Ozean wagte, war die damals bereits 62 Jahre alte Anne Prinzessin zu Löwenstein-Wertheim-Freudenberg (1864–1927). Die gebürtige Britin, vormals Lady Anne Savile, hatte den früh verstorbenen Deutschen Ludwig Prinz zu Löwenstein-Wertheim-Freudenberg geheiratet. Die erfahrene Fliegerin saß 13 Jahre im Cockpit und hatte ihr Leben lang die Unternehmungen waghalsiger Fliegerinnen finanziell unterstützt. bis sie schließlich am 2. September 1927 selbst zu einem Rekordversuch aufbrach. Für den Versuch, Lindbergh nachzueifern, hatte sie mit Colonel Minchin

Prinzessin Anne startete 1927 zusammen mit Capt. Leslie Hamilton zu ihrem Transatlantikflug.

und Captain Leslie Hamilton zwei Piloten engagiert. Mit ihnen bestieg sie am 31. August 1927 eine einmotorige Fokker, um von England aus über den Atlantik zu fliegen. Start war um 7:32 Uhr. Eine begeisterte Menschenmenge winkte, die Presse berichtete: »Das wagemutige Trio startete bei bewölktem Himmel, aber es hofft auf besseres Wetter«, schrieb die Zeitung *Ottawa Citizen*. Doch als die Prinzessin nie in Amerika ankam, hagelte es Kritik. Ihre Brüder erklärten der *Pittsburg Press* [sic!]:

» Wir sind sicher, dass unsere mutige Schwester bei dem Versuch des Rekordflugs ihr Leben verlor. «

Sie jedoch seien gegen ihren waghalsigen Plan gewesen und hätten zuvor vergeblich versucht, sie davon abzubringen. 1928 wurden im Nordwesten Kanadas neu entdeckte Seen nach den drei vermissten Flugpionierinnen benannt. Ansonsten war dieser erste gescheiterte Versuch lediglich eine Randnotiz in den Zeitungen.

Frances Wilson Grayson
(* um 1890; † 1927)

Als nächste versuchte sich Frances Wilson Grayson. Kurz vor Weihnachten 1927 kündigte sie an:

» In meinem Leben war jedes Weihnachtsfest gleich. Dieselben Freunde, die gleichen Geschenke, die nichts bedeuten. Menschen Dinge zu sagen, die man nicht meint. Aber dieses Weihnachten wird anders! «

Am 23. Dezember 1927 brach die 36-Jährige zu ihrem größten und letzten Rekordversuch, dem Transatlantik-Flug auf. Die Pionierin hatte zu dem Zeitpunkt schon viele Bewunderer und finanzielle Förderer, etwa Mrs. Aage Ancker, eine Tochter des er Stahlproduzenten Charles H. Sang aus Pittsburgh. Dabei war es bei Frances Wilson Grayson in ihrer Kindheit keineswegs absehbar gewesen, dass sie einmal Pilotin werden würde. Denn zunächst hatte sie Musik studiert, das Studium jedoch abgebrochen, als ihr Bruder starb. Sie wech-

Die Sikorsky S-36 mit dem Namen »Dawn« von Frances Wilson Grayson, aufgenommen am 23. Oktober 1927, genau zwei Monate vor ihrem Verschwinden.

Frances Wilson Grayson posiert auf dem zweimotorigen Flugzeug.

selte ans *Swarthmore College* und lernte dort John Brady Grayson kennen. Sie heiratete den 20 Jahre älteren Mann, die Ehe blieb kinderlos und scheiterte nach neun Jahren. Nach der Scheidung jobbte Frances Wilson Grayson als Journalistin, wurde Grundstücksmaklerin und entdeckte dann ihre Liebe zur Luftfahrt.

Grayson wollte noch mehr erreichen als Lindbergh. Ihr genügte es nicht, dass sie die erste Frau gewesen wäre, die die Atlantik-Überquerung gemeistert hätte: Vielmehr wollte sie auch die erste Überquerung im Winter schaffen. Sprühend vor Elan und Begeisterung überzeugte sie ihre Finanziers, und so konnte sie es sich leisten, ein ganz neues Flugzeug zu kaufen – gebaut von Luftfahrt-Pionier Igor Sikorski. So kam sie zu ihrer S 36, getauft auf den Namen »Dawn« – einem Flugzeug, das im Wasser landen und auch wieder starten konnte. Ideal also für einen Transatlantik-Flug: Die Besatzung würde also bei technischen Problemen auf dem Ozean landen können, um diese zu beheben oder um auf Hilfe zu warten.

Trotz aufwendiger Suchaktion blieben Grayson und die Besatzung südlich von Neufundland verschollen.

In Highheels und mit Fliegermütze: Grayson blickt in den Himmel.

Auch die Konkurrenz schlief nicht. Frances Wilson Graysons schärfste Konkurrentin war die damals erst 23 Jahre alte amerikanische Schauspielerin Ruth Elder. Deren Maschine startete im Oktober 1927 und zunächst schien es, als könne ihr das Kunststück glücken. Frances Wilson Grayson fürchtete, die Andere könnte Fluggeschichte schreiben und drängte zum Aufbruch. Noch im Oktober startete man einen ersten Versuch und scheiterte, ebenso ein zweiter sechs Tage später. Grayson tobte, spätestens als ihr Pilot Wilmer Stultz einen dritten Versuch verweigerte. Dann folgte die Nachricht, dass Ruth Elder nie in Paris angekommen, sondern von einem Motorschaden in den Azoren zu einer Notwasserung gezwungen worden war. Elder und ihr Pilot George Haldeman wurden gerettet, das Flugzeug brannte aus. Weltweit schüttelte man missbilligend den Kopf. Eleonore Roosevelt, spätere First Lady, bezeichnete Elders Flug als »sehr töricht«.

Frances Wilson Grayson sah ihre Chance gekommen. Noch einmal würde sie nicht wieder umdrehen, wieder aufgeben, wieder frustriert auf einen Neustart warten. Statt auf den Piloten Stultz setzte sie nun auf einen Abenteurer ersten Ran-

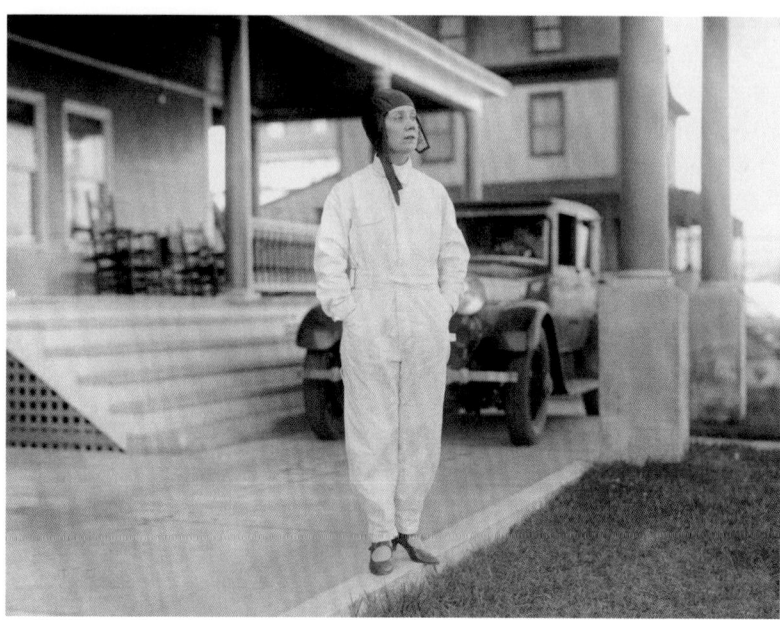

Zu ihrer Atlantiküberquerung wollte sie an Weihnachten starten.

Frances Wilson Grayson und die Besatzung der »Dawn« präsentieren sich zuversichtlich der Öffentlichkeit vor ihrem geplanten Start zum Flug über den Nordatlantik.

ges: Oskar Omdal, der 1923 versucht hatte, mit Roald Amundsen über den Nordpol zu fliegen. Los ging es am 23. Dezember. Um 17 Uhr und sieben Minuten starteten Wilson Grayson und Omdal, Navigator Brice Goldsborough und Techniker Frank Koehler. Die vier wollten in der »Dawn« vom Flugplatz Curtiss Field im US Bundesstaat New York nach Harbor Grace in Neufundland fliegen. An Weihnachten 1927 sollte es dann weitergehen von Neufundland nach London. Doch kamen die Abenteurer gar nicht erst in Neufundland an. 48 Stunden herrschte komplette Funkstille – dann vernahmen Funker auf der Insel Sable Island im Atlantik einen Teil einer Nachricht der Crew: »Hier stimmt irgend etwas nicht!« Ein paar Minuten spä-

ter sagte eine Stimme: »Das Flugzeug ist unten.« Vielleicht war in der Kälte auch das Funkgerät eingefroren, spekulierte man später – das könnte erklären, warum nur so wenige Funksprüche gesendet worden waren.

20 Meilen vor Nauset Beach kämpfte die Crew des britischen Schoners Rose Anne Belliveau in der Nacht mit einem Sturm und Crewmitglied Louis Thibodeau glaubte zunächst an eine Einbildung, als er Motorengeräusche wie die eines Flugzeugs hörte. Er holte den Kapitän an Deck, der ebenfalls das Geräusch vernahm. Plötzlich hörten die Männer auf dem Schiff ein lautes »platsch«, danach verstummte das Motorengeräusch. Es könnte sein, dass sie die »Dawn« in die See stürzen hör-

ten, aber das ist nicht zweifelsfrei bewiesen. Die US Marine suchte mit fünf Zerstörern nach den Vermissten. Es konnten jedoch weder Teile des Wracks noch Leichen geborgen werden. Wochen später fand man lediglich eine Flasche, die im Salem Harbor angeschwemmt wurde. Sie beinhaltete einen Zettel, auf dem zu lesen war:

»1928. Wir frieren. Treibstoff läuft aus und wir treiben vor Grand Banks. Grayson.«

Lady Elsie Mackay (* 1893; † 1928)

Der nächste Rekordversuch einer Frau am 13. Mai 1928 begann mit einer Täuschung. Die Schauspielerin, Inneneinrichterin und Pilotin Elsie Mackay bestieg mit einer Perücke mit Herrenfrisur unter dem Pseudonym Gordon Sinclair das Flugzeug und gab vor, Mechaniker zu sein. Nur eine Handvoll Vertraute waren eingeweiht, dass sie gemeinsam mit dem Piloten Walter G. R. Hinchliffe einen Flug über den Atlantik

Die Rekordjägerin und Schauspielerin Elsie Mackay war berühmt für ihre Schönheit.

wagen würde. Mackay war eine berühmte Frau, erfolgreich in Filmen und auf den Bühnen der 1920er-Jahre und ebenso erfolgreich als Dekorateurin: Sie entwarf die Inneneinrichtung des 167 Meter langen Passagierschiffs »Rawalpindi« und taufte das Passagierschiff »Tilawa«. Elsie Mackay war damals auch unter dem Künstlernamen Poppy Wyndham bekannt. Sie war die jüngste Tochter des britischen Kolonialbeamten James Mackay, 1st Earl of Inchcape, der seit 1913 Vorsitzender der *British India Steam Navigation Company* war.

Ihr Pilot, der Brite Walter G. R. Hinchliffe, war ein Fliegerass aus dem Ersten Weltkrieg. Er sprach außerdem vier Sprachen, war studierter Zahnarzt, erfolgreicher Sportler, geschickter Mechaniker, ein kreativer Künstler und – nicht zu vergessen – auch Chefpilot der *KLM Royal Dutch Airlines*. Es liegt nahe, dass dieser Mann für Elsie Mackay die erste Wahl war. Sie kaufte eine einmotorige Stinson Detroiter und ließ sie von den USA nach England bringen. Dieser Eindecker, mit dem sie den Atlantik queren wollte, hatte goldene Flügelspitzen und einen schwarzen Rumpf, einen 300 PS starken Motor vom Typ Wright Whirlwind J 69 (R 975) und legte in einer Stunde 84 Meilen zurück. Elsie Mackay nannte ihr Flugzeug »Endeavour«.

Zwar hatten Reporter der Zeitung *Daily Express* schon Anfang März entdeckt, dass Elsie Mackay und ihr Pilot Hinchliffe sich auf einen Transatlantik-Flug vorbereiteten. Sie führten auf dem militärischen Flugplatz des *Royal Air Force College Cranwell* fünf Kilometer nordwestlich von Sleaford Testflüge durch und residierten im *The George Hotel* in Leadham. Doch Elsie Mackay zwang sie mit der Androhung rechtlicher Schritte, nicht über ihr Vorhaben zu berichten. Der Grund war, dass ihr Vater nichts davon erfahren sollte. Er weilte zu der Zeit mit der Familie in Ägypten und seine jüngste Tochter hatte ihn mit dem falschen Versprechen beruhigt, keinen Transatlantik-Flug versuchen zu wollen.

Am 13. März 1928 setzte Mackay frühmorgens ihre Perücke auf und bestieg als Gordon Sinclair das Flugzeug. Um 8:35 Uhr startete die »Endeauvour« am Flugplatz des *Royal Air Force College Cranwell*. Nur wenige Menschen winkten am Rollfeld, Hinchliffe hatte auch nur zwei Freunde informiert. Fünf Stunden später sah der Leuchtturmwächter bei Mizen Head an der südwestlichen Küste vor Cork in Irland den Eindecker über dem Dorf Crookhaven. Zu diesem Zeitpunkt flog die »Endeavour« noch in Richtung Neufundland. Später soll sie auch von der Besatzung eines französischen Dampfers gesichtet worden – nes französischen Dampfers gesichtet worden –

noch immer auf Kurs. Doch am Mitchell Field auf Long Island in den USA wartete man vergeblich auf sie. Am 15. März schrieb die *Fitchburg Sentinel*, dass die Hoffnung auf ein Überleben von Elsie Mackay und Captain Hinchliffe schwinde. Die Zeitung schrieb, dass amerikanische Agenten vermuteten, die Abenteurer seien auf dem Eis gelandet oder ins Meer gestürzt – der Treibstoff reiche jedenfalls nur bis zum Morgengrauen des 15. März. Monate später, im Dezember 1928, wurde ein Teil des Fahrwerks an die Nordwestküste von Irland gespült, ein Rad trug eine Seriennummer.

Die berühmteste und erfolgreichste Fliegerin der 1930er-Jahre war Amelia Earhart.

Doch zehn Jahre später erschien am 24. August in der Zeitung *The Brisbaner* ein Artikel, nachdem Elsie Mackay noch leben sollte. Darin kam ihr geschiedener Ehemann Dennis Wyndham zu Wort. Dieser erzählte, er habe nie geglaubt, dass ihr Flugzeug in den Atlantik gestürzt und sie ertrunken sei. Ihm habe sie nämlich erzählt, sie werde das Flugzeug als ein junger Mechaniker verkleidet verlassen. Nun habe er gehört, dass sie als Einsiedlerin im peruanischen Lima lebe, ein englischer Offizier hätte sie dort erkannt. Und weil sie eben noch lebe, habe er nicht in spiritistischen Sitzungen mit ihr in Kontakt treten können, wie sie es ausgemacht hatten zu tun, wenn einer von ihnen sein Leben verlieren würde.

» In vielen Sitzungen hat man mir gesagt, es sei ihre Stimme, die ich von der anderen Seite vernehmen würde. Doch ich war immer skeptisch. Aus einem einfachen Grund: Sie hatte immer einen ganz besonderen Kosenamen für mich. Niemand anderes hätte einen solchen Namen für mich erfinden können. «

Amelia Earhart (* 1897; † 1937)

Es war ein Anruf, der das Leben von Amelia Earhart völlig verändern sollte. Er erreichte sie im April 1928 auf ihrer Arbeitsstelle. Im ersten Moment wollte sie gar nicht abnehmen. »Ich bin im Augenblick zu beschäftigt.« Als sie hörte, es sei sehr wichtig, dachte sie zunächst an einen Scherz. Ein Mann fragte sie am Telefon, ob sie die erste Frau sein wolle, die über den Atlantik fliegt. Prompt antwortete sie mit »Ja«. In New York lernte sie die Koordinatoren des Projekts kennen, darunter den Verleger George Palmer Putnam. Obwohl Amelia Earhart selbst Pilotin war, saß sie bei dem Flug am 17. und 18. Juni 1928 aber nicht selbst am Steuerknüppel. Die dreimotorige Fokker »Friendship« hätte sie bei der ersten Atlantikquerung gar nicht selbst fliegen können, denn sie hatte keine Erfahrung mit mehrmotorigen Flugzeugen und auch nicht mit dem Instrumentenflug. So flog Pilot Wilmer Stultz die Maschine, der Mann, der wegen seines Zögerns von Frances Wilson Grayson gefeuert worden war. Aber auch wenn er

Amelia Earhart vor ihrer Lockheed Electra, mit der sie am 2. Juli 1937 spurlos über dem Pazifik verschwand.

diesmal den 20 Stunden und 40 Minuten dauernden Flug perfekt ausführte: Berühmt wurden nicht er und sein Kopilot Louis Gordon, sondern Passagier Amelia Earhart. Die erste Frau, die den Atlantik überflogen hatte, wurde zu einer Sensation, in Folge sogar eine Ikone der Fliegerei. Doch sie haderte, fühlte sich als »falsche Heldin«, da sie nur Passagier gewesen war und erklärte, sie werde den Transatlantik-Flug noch einmal selbst wagen.

Von so viel Mut und Leidenschaft war nichts zu ahnen, als Earhart als Zehnjährige erstmals ein Flugzeug zu Gesicht bekam: »Es war ein Gebilde aus rostigem Blech und Holz und sah ganz und gar nicht interessant aus«, sagte sie. Erst zehn Jahre später packte sie die Leidenschaft, als sie mit ihrem Vater eine Kunstflugschau besuchte. Dort beschloss sie 1920, diese »Teufelsmaschinen« selbst zu fliegen. Weil ihr die Eltern kein Geld für Flugstunden gaben, schuftete sie in 28 verschiedenen Jobs und finanzierte die Fliegerei eben selbst. Schon 1921 kaufte sie mit gespartem und geliehenem Geld ihr erstes Flugzeug: eine gebrauchte Kinner Airster, ein Doppeldecker mit zwei Sitzen, lackiert in leuchtendem Gelb. Mit dieser Maschine stellte sie kurz darauf einen Höhenweltrekord für Frauen auf (4.300 Meter). Wie enttäuschend muss es da für sie gewesen sein, als zwar alle ihr zuschauen und sie interviewen wollten, ihr aber keiner eine Stelle als Pilotin gab. Sie suchte jahrelang vergeblich und wurde dann Sozialarbeiterin. In Interviews sprach sie über die Benachteiligung von Frauen in der Gesellschaft, aber thematisierte ebenso, dass viele Frauen es sich bequem gemacht hätten und »ihr Geschlecht schon viel zu lange als Ausflucht nutzen«.

Geschickt nutzte Earhart ihre Berühmtheit nach der ersten Atlantikquerung aus und übte sich im Fliegen. Aus ihrem Förderer George Palmer Putnam wurde ein bedingungslos ergebener Verehrer. Vielfach warb er um ihre Hand, und als sie 1931 seinen sechsten Hochzeitsantrag schließlich annahm, war er selbst von seinem Glück überrascht – auch wenn die 33-Jährige öffentlich er

Blumen für die Frau, die als erste den Atlantik überquerte. Schlagartig war Earhart berühmt.

klärte, sie heirate ihn nur »widerwillig« und bestehe auf einer »offenen Ehe«. Kinder kamen für sie nicht in Frage. »Es dauert zu lang, ein Baby zu machen«, sagte sie. Ihr Kind war die Fliegerei, als erste Frau überhaupt besaß sie einen Pilotenschein der *Fédération Aéronautique Internationale* (FAI).

Kurz nach der Hochzeit packte sie dann an, was sie sich all die Jahre so sehr gewünscht hatte: Eine zweite Atlantikquerung, diesmal als Pilotin und nicht als Passagier. Sie hob im Mai 1932 in Neufundland in Richtung Europa ab. Eisiger und kräftiger Nordwind sowie technische Probleme machten ihr zu schaffen und zwangen sie, ihr ursprüngliches Ziel aufzugeben und in Nordirland notzulanden. »Nachdem ich die meisten Kühe in der Umgebung verängstigt hatte, kam ich hinter einem Bauernhof zum Stehen«, erzählte sie – in einer Gegend, in der schon ein Auto eine Attraktion war. Die Medien stürzten sich auf sie, denn

Amelia Earhart startet im Juni 1937 mit ihrer Lockheed Electra zum Flug um die Welt.

ihr Flug war eine Höchstleistung. Sie hatte in 13,5 Stunden geschafft, wofür Charles Lindbergh fünf Jahre früher noch 33 Stunden und 32 Minuten gebraucht hatte. Damit war sie jetzt die erste Frau, die den Atlantik zweimal überflogen hatte. Außerdem hatte sie den längsten Nonstop-Flug einer Frau und die damals schnellste Atlantikquerung absolviert.

Als erste Frau bekam sie das *Distinguished Flying Cross* verliehen. In ihrer Dankesrede meinte sie lakonisch:

» Einige Aspekte des Fluges sind übertrieben dargestellt worden, fürchte ich. Es war viel spannender zu schreiben, ich sei mit den letzten Litern Treibstoff gelandet. Tatsächlich hatte ich noch über vierhundert [Liter]. Und ich habe bei der Landung keine Kuh umgebracht – es sei denn, eine wäre vor Angst gestorben. «

Präsident Herbert C. Hoover zeichnete sie mit der Goldmedaille der *National Geographic Society* aus. Sie engagierte sich in den kommenden Jahren mit noch mehr Begeisterung für Frauenrechte und tatsächliche Gleichberechtigung – zunächst bei der Berufswahl. Insbesondere auch in der Luftfahrt setzte sie sich für eine Stärkung der Stellung der Frauen ein.

Und sie flog von Rekord zu Rekord: Am 11. Januar 1935 querte sie als erster Mensch im Allein-

flug den Pazifik zwischen Honolulu (Hawaii) und Oakland (Kalifornien). Diese Entfernung ist größer als die zwischen Amerika und Europa. Ebenfalls 1935 schaffte sie den ersten Soloflug von Mexiko-Stadt nach Newark.

Kurz vor ihrem 40. Geburtstag im Jahr 1937 peilte sie zwei neue Rekorde an: Als erste Frau wollte sie die Erde umrunden – auf der längstmöglichen Strecke, der Äquatorialrunde: »Ich habe das Gefühl, dass mir nur noch ein guter bedeutender Flug bleibt, und ich hoffe, es ist dieser«, sagte sie. Drei Viertel der Strecke meisterte sie problemlos, abgeflogen waren sie am 21. Mai 1937 in Oakland Richtung Florida in einer moderner Lockheed Modell 10 »Electra«. Von dort flog sie nach San Juan, Puerto Rico, über den Atlantik und den afrikanischen Kontinent zum Roten Meer. Ohne Zwischenlandung flog sie vom Roten Meer nach Indien – ein Rekord, denn zuvor hatte das noch niemand geschafft. Doch auf ihrer letzten Etappe verschwand sie, wie zehn Jahre zuvor Anne Prinzessin zu Löwenstein-Wertheim-Freudenberg und Frances Wilson Grayson. Bis heute ist die genaue Ursache unbekannt – wahrscheinlich war es eine Verkettung unglücklicher Umstände.

Earhart hatte schon einen schlechten Start, als sie am 2. Juli 1937 mit ihrem Navigator Fred Noonan aufbrach. Für einen letzten Zwischenstopp war die Howlandinsel vorgesehen, eine nur 1,87 Quadratkilometer große Insel knapp östlich der Internationalen Datumslinie im Stillen Ozean. Beim Start aber brach die Antenne des Kurzwellensenders ab. Fast noch schlimmer war, dass weder Earhart noch ihr Navigator dieses verhängnisvolle Missgeschick bemerkten. Sie wusste also nicht, dass sie zwar Signale aussenden, aber keine empfangen konnten – und als sie dies bemerkten, war es zu spät. Wie vereinbart wartete das Schiff SS Itasca an der Howlandinsel und sendete Funksignale, damit Earhart sie mittels Funkpeilung finden konnte. Doch empfing Earhart nichts, obwohl die Funker auf dem Schiff Earhart bestens vernahmen.

Außerdem war die winzige Insel auf den damaligen Karten zehn Kilometer zu weit westlich eingezeichnet, der Himmel war bewölkt, und so fand Earhart sie wohl schlicht nicht. Mehrmals funkte sie verzweifelt, dass sie keinerlei Signale empfange, und irrte dabei zunehmend orientierungslos über den Pazifik. Das letzte Signal kam um 08:40 Uhr, der Navigator gab die Flugrichtung durch:

» Sind auf Standlinie 157° / 337°, fliegen Nord-Süd «.

Danach war Amelia Earhart wie vom Erdboden verschwunden – und ist es noch heute.

Die US-Regierung startete die größte Suchaktion der damaligen Fluggeschichte, investierte vier Millionen US-Dollar und suchte mit 64 Flugzeugen und acht Kriegsschiffen mehr als 400.000 Quadratkilometer Meer ab. Vergeblich. Die Suche wurde am 19. Juli ergebnislos eingestellt. Amelia Earhart wurde für »verschollen, vermutlich tot« erklärt. Ein Jahr später baute man ihr auf der Howlandinsel einen Leuchtturm namens *Amelia Earhart Light*. In mehr als 50 Büchern wurde Earharts Schicksal seitdem diskutiert. Hollywood drehte zwei Filme, aber noch immer gibt ihr Verschwinden viele Rätsel auf. Auch viele Wissenschaftler wollen sich nicht mit der Annahme zufrieden geben, dass Earhart bei einem Absturz sofort ums Leben kam.

Die offizielle Lesart: Kurze Zeit dem letzten Funkspruch ging der Treibstoff aus. Weil sie so sehr mit der Stabilisierung des Flugzeugs beschäftigt war, setzte sie keinen Notruf ab. Nach der Landung im Wasser funktionierte die Funkanlage nicht mehr. Wegen der schweren Triebwerke sank die zweimotorige Lockheed Electra innerhalb von 10 Minuten. Nach der offiziellen Version liegt das Wrack in rund 5.000 Metern Tiefe unweit der Howlandinsel. Gefunden wurde es aber nie.

Andere glauben an ein Robinson-Crusoe-Schicksal. Experten der *International Group for Historic Aircraft Recovery* (Tighar) vermuten, das Flugzeugwrack liegt 3.400 Kilometer südwestlich der Howlandinsel – und zwar vor Gardner Island, das seit 1979 Nikumaroro heißt – ein einsames Atoll der Phoenix-Inseln mitten im Parzifik, das eigentlich gar nicht auf der Flugroute von Earhart lag. Bis Juli 2012 unternahm *Tighar* acht Expedi-

Als Begleiter für ihren Flug wählte sie Frederick Noonan, einen erfahrenen Navigator.

tionen. Für Kosten von zwei Millionen US Dollar suchten die Experten 2012 mit einem Roboter-U-Boot vor Gardner Island. Expeditionsleiter Richard Gillespie erklärte jedoch, dass ein Experte für die Auswertung von Bildmaterial ein mögliches Trümmerfeld identifiziert habe. Es ist unwahrscheinlich, dass Teile von Earharts Flugzeug dort zu finden sind, meinen andere Experten. Denn die Insel war zur Zeit des Zweiten Weltkriegs eine Fernmel-

Amelia Earhart in einem alten Flugzeug. Aufnahme von 1928. Die populäre Fliegerin faszinierte die Welt.

debasis der US-Marine, gefundene Wrackteile lassen sich größtenteils Kampfflugzeugen zuordnen. Angezweifelt wird auch, ob der Earharts Treibstoff überhaupt bis Gardner Island (Nikumaroro) gereicht hätte. Doch zeigt ein Foto von 1937 einen dunklen Fleck am Strand des Atolls – manche vermuten, dass es sich um ein Wrack handelt.

Doch wie kam dann das Biwak auf Gardner Island, das dort eine Woche nach Earharts Verschwinden entdeckt wurde? Es war frisch benutzt. Zudem fing man in den Tagen nach dem Unglück Notfunksprüche auf, die von Earhart hätten stammen können. Und es gibt auf Gardner Island noch mehr Spuren: 1940 fand man einen Damenschuh, eine leere Sextantenkiste und ein unvollständiges Skelett. Dies wurde zunächst einer männlichen Person zugeordnet. Die Knochen sollten zur Untersuchung auf die Fidschi-Inseln gebracht werden, aber sie gingen verloren und sind bis heute verschwunden. Doch anhand von Analysedaten von 1940 wurde 1998 das

Skelett als eher weiblich eingeordnet. Die Tote hatte auch ungefähr Earharts Alter und Gewicht und soll nordeuropäischen Ursprungs sein.

2007 fand man auf Gardner Island Reste eines Damenschuhs der Marke *Cat's Paw*, die in den 1930er-Jahren sehr beliebt war. Auch Earhart trug diese Marke. Zudem fanden die Tighar-Experten den Spiegel einer Puderdose, einen Reißverschluss, der von einer Fliegerjacke stammen könnte, Knöpfe, dazu einfache Werkzeuge. Außerdem fand man Acrylglas und Aluminiumblech, das ebenfalls von Earharts Electra stammen könnte. Weil die Seriennummern fehlen, taugen diese Funde aber nicht als Beweisstücke.

Bei Tighar gab man nicht auf. 2010 entdeckte man bei weiteren Ausgrabungen altes Make-up, Glasflaschen und Muschelschalen. Und Knochenstücke – genau an der Stelle, wo 1940 die Reste des nicht mehr auffindbaren Skelettes gefunden worden waren. Die Fragmente sahen aus, als seien sie Knochenteile eines Wirbels und eines Fingers. Doch ob das stimmt, ist nicht mehr feststellbar. Ein DNA-Vergleich war nicht mehr möglich – man konnte nicht einmal feststellen, ob es tatsächlich menschliche Knochen waren. Trotzdem glauben einige, dass es Earharts sterbliche Überreste sind und spekulieren, dass Palmendiebe, das größte an Land lebende Krebstier der Welt mit einer Körpergröße von 40 Zentimetern und einem Meter Spannweite der Beine, weitere Teile des Skeletts oder der Ausrüstung zerlegten und verschleppten.

Im Sommer 2012 unternahm *Tighar* eine weitere Forschungsfahrt, um per Sonar im Küstenbereich Wrackteile zu suchen. Ein Jahr später verkündeten die Experten eine Sensation – jedenfalls aus ihrer Sicht. Eine Anomalie, die das Sonar aufgespürt hatte, habe mit zehn Metern genau die richtige Größe und Form, sodass es sich um das Wrack von Earharts »Electra« handeln könnte. Dazu kommt: Es liegt genau an der »richtigen Stelle«, nämlich knapp 190 Meter tief am Ende des Abhangs vor Nikumaroro. Das Problem: Es fiel erst später auf dem Sonarfilm auf, und so haben die *Tighar*-Experten es auch nicht mit Unterwasserkameras genauer aufgenommen. Also bleibt nur eines: Eine neue Expedition, für die *Tighar* im Frühjahr 2013 Geld zu sammeln begannen – in der Hoffnung, dass sich die Anomalie auf dem Sonar bei genauerem Filmen nicht als anderes Wrack oder gar einfach nur als Unregelmäßigkeit am Riff herausstellt.

Nicht nur die *Tighar*-Experten geben nicht auf, nach letzten Spuren der großen Fliegerin zu suchen. Überall auf der Welt beschäftigt ihr Verschwinden die Menschen. Das Internet ist voll von wilden Hypothesen: Nach ihnen soll Earhart mit neuer Identität in den USA untergetaucht sein, um endlich in Ruhe als Hausfrau leben zu können – oder sich auf Inseln der Südsee versteckt haben. Andere sehen in ihr eine Geliebte des japanischen Kaisers Hirohito, glauben sie als angebliche Spionin von japanischen Truppen verschleppt oder gar von Außerirdischen entführt.

Amelia Earhart führte ein bewegtes Leben.

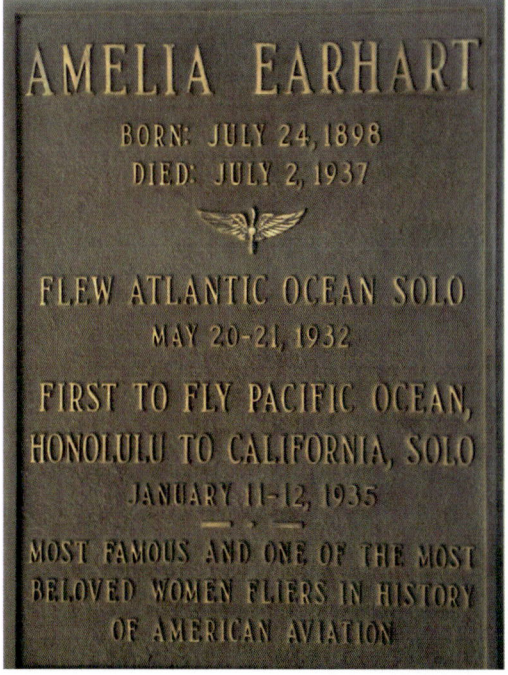

Gedenktafel am Portal of the Folded Wings, Hollywood.

Blick in den Rumpf einer im Mittelmeer versunkenen Junkers Ju 52. Dieses sehr gut erhaltene Wrack liegt auf 65 Metern Tiefe nahe der griechischen Insel Kea.

ZUFALLSFUNDE

Fast alle Flugzeugwracks, die bis heute auf dem Meeresgrund gefunden wurden, sind Zufallsfunde. In den meisten Fällen waren es Fischer, die hier die entscheidenden ersten Hinweise gaben. Die Fischerei ist für die Suche nach Flugzeugwracks Fluch und Segen zugleich. Flugzeug- wie Schiffswracks erfüllen Unterwasser eine ähnliche Funktion wie Riffe: Sie bieten Fischen Behausung und Schutz vor ihren größeren Artgenossen. Rund um die Wracks entsteht so eine besonders fischreiche Zone, was wiederum mehr Großfische und auch die Fischer anlockt.

Der Pilotensitz und die kompletten Instrumente der Ju 52 sind noch gut erhalten.

Häufig bleiben die Fischer jedoch mit ihren Netzen an den Wracks hängen. Früher, als noch kleinere Netze eingesetzt wurden und die Fischerboote dort keine besonders leistungsfähigen Motoren hatten, führte dies zu einer Beschädigung oder gar zum Verlust der teuren Netze. Selten konnten man durch geschicktes Manövrieren das Netz wieder freibekommen; als Beifang hingen dann diverse metallische Kleinteile im lädierten Netz. Die Fischer merkten sich daher sehr genau jene Stellen, an denen es nicht nur sehr fischreich, sondern auch für ihre Netze besonders gefährlich war. Flugzeugwracks wurden daher zu dieser Zeit durch die Fischerei meist nur geringfügig beschädigt und verblieben am Meeresgrund mehr oder weniger am ursprünglichen Ort ihres Untergangs. Die meist sehr präzisen Positionsangaben und Beifang-Funde der Fischer sind daher immer der beste und wichtigste Anhaltspunkt für die Suche nach Wracks.

Seit vielen Jahren stehen der Fischerei aber immer leistungsfähigere Fangmethoden zur Verfügung. Mit riesigen Netzen und Booten werden systematisch große Gebiete des Meeres bis zu einer Tiefe von mehreren hundert Metern abgefischt. Besonders die Auswirkungen der seitdem immer intensiveren Grundnetzfischerei sind hier nicht nur für Flora und Fauna auf dem Meeresgrund, sondern auch für die allgemeine Unterwasser-Archäologie bedenklich. Bei großen, moderneren Schiffswracks aus Stahl bestehen noch gewisse Chancen, dass sie den von mehreren tausend PS gezogenen Grundnetzen kaum beschädigt werden. Kleinere oder antike Schiffswracks wie auch Flugzeuge werden nicht nur versetzt, sondern häufig auch in ihre Bestandteile zerlegt und weiträumig über den Meeresgrund verteilt. In seltenen Fällen geraten aber manchmal auch große, aussagekräftige Teile oder sogar fast komplette Flugzeuge ins Netz und werden aus der Tiefe geborgen.

Früher wurde dieser unerwünschte Beifang meist auf dem Rückweg zum Hafen wieder über Bord geworfen. Bevorzugt wurden hier küstennahe Stellen mit felsigem Untergrund oder Buchten gewählt, die für die Fischerei nicht von Bedeutung sind. Dieser Vorgang führt zwar einerseits zu einer massiven und teils endgültigen Zerstörung von Wracks, diese als »Wrackteildeponie« genutzten und teilweise bekannten Orte liegen aber oft in seichteren küstennahen Gebieten, die wiederum für Taucher und Forscher zugänglich sind. Viele

Der Rumpf der »Tante Ju«.

an diesen Orten gefundenen Flugzeuge bzw. deren deformierte Überreste konnten so erst untersucht und identifiziert werden.

In den letzten Jahren hat sich das öffentliche Bewusstsein und auch das der Fischer in Bezug auf Flugzeugwracks verändert. Flugzeuge und ihre Teile werden nicht mehr nur als »Kriegsschrott«, sondern auch als historisch bedeutsame Relikte wahrgenommen. Immer häufiger werden die gefischten Teile daher nicht mehr achtlos über Bord geworfen. Sie werden zum Hafen gebracht, wo der Fund den örtlichen Behörden gemeldet wird. Weniger entscheidend für diese an sich positive Entwicklung ist hier vermutlich das heutzutage stärker ausgeprägte historische Bewusstsein, sondern vielmehr der vermeintliche finanzielle Wert des Fundes. In den Medien hört man nun immer öfter von aufwendigen Bergungsaktionen und den sich anschließenden, kostenintensiven Restaurationsprojekten. Aus diesem Grund hat sich nun auch der Umgang der Behörden mit den Wracks gewandelt. Vor wenigen Jahren wurden die geborgenen Teile oft noch unbeaufsichtigt an der Mole gestapelt – und schon in der ersten Nacht waren die besten Teile verschwunden. In der Zwischenzeit werden sie meist sicher zwischengelagert, bis deren Wert oder ihre historische Bedeutung festgestellt werden kann.

Neben den Fischern sind vor allem Taucher für viele interessante Zufallsfunde verantwortlich. In den Anfangszeiten des Tauchens – also Anfang bis Mitte des 20. Jahrhunderts – waren es im zivilen Bereich vor allem die Schwammtaucher, die auf der Suche nach Schwämmen auf interessante Fundorte stießen. Es handelte sich dabei meist um antike Schiffswracks, die man leicht an ihren sichtbaren Überresten wie den Ballaststeinen und Amphoren erkennen konnte.

In der Zeit vor und während des Zweiten Weltkriegs fanden nicht nur im Bereich der Flugzeugtechnologie rasante technische Weiterentwicklungen statt, auch in der Tauchtechnik wurde der Grundstein für den in der Folgezeit entstehenden Tauchsport gelegt. Die Unterwasserwelt war bis dahin nur Berufstauchern zugänglich. Ihre damalige Tauchausrüstung war nicht nur sehr teuer, sie erforderte auch eine aufwendige Logistik. Diese Helmtaucher wurden von einem Boot aus auf den Grund hinuntergelassen und mittels eines langen Schlauchs mit der nötigen Druckluft versorgt. Ihre schwere Ausrüstung und die schlauchgebundene Versorgung waren für stationäre Unterwasserarbeiten wie Bergungs-, Montage- oder Wartungsarbeiten ausgelegt.

Erst die Entwicklung von Drucklufttauchgeräten (SCUBA = *Self-contained underwater breathing apparatus*) und sogenannten Kreislaufgeräten (Rebreather), die in den 1940er-Jahren von Jacques Cousteau und Hans Hass maßgeblich beeinflusst wurde, ermöglichte es, dass sich in den darauffolgenden Jahrzehnten der Tauchsport zum Massensport entwickeln konnte. Die zum Tauchen benötigte Ausrüstung war kompakt, preiswert und zuverlässig geworden, die küstennahen Unterwassergebiete noch völlig unerforscht.

Die 1960er- und 1970er-Jahre waren daher die Blütezeit der Taucher, die man heute als »Schatztaucher« bezeichnen würde und die bis heute das Image dieser Sportart prägen, obwohl sie sich mittlerweile in den meisten Fällen zu einem kommerziellen Bereich des Massentourismus entwickelt hat. Damals trafen diese Taucher nicht nur als Erste auf eine unberührte, intakte Unterwasserlandschaft. Zu dieser Zeit galt, jedenfalls in der öffentlichen Wahrnehmung und persönlichen Umsetzung, immer noch das aus heidnischer und römischer Zeit stammende »Strandrecht«. Dies besagt seit Menschengedenken: »Alles was ich am Strand finde, gehört mir!«

Strandgut sorgte schon immer besonders für Küstenbewohner und Fischer für einen willkommenen Zusatzverdienst. Als umsatzsteigernde Maßnahmen wurden deshalb auch über die Jahrhunderte immer wieder Schiffe bewusst fehlgeleitet und getäuscht, um die gestrandeten, an Riffen oder Untiefen zerschellten Wracks zu plündern oder ihre Überreste am Strand einzusammeln. Spätere Versuche, dies durch gesetzliche Regelungen zu unterbinden, waren nicht immer sinnvoll. Regelungen wie »das Strandgut gehört dem Finder nur dann, wenn es keine Überlebenden des Untergangs gibt« wirkten sich vor allem negativ auf die Überlebenschancen und die Aussicht auf Rettung der Schiffbrüchigen aus. Andere Regelungen wirken dagegen für das frühe Mittelalter fast fortschrittlich: Schiffbrüchige sind freie Menschen und enden nicht als Leibeigene.

Analog galt für die Taucher: »Alles, was jenseits des Strands Unterwasser auf dem Grund finde, gehört auch mir.« Es war legitim und anerkannt, von jedem Tauchgang Trophäen mitzubringen und diese zu Hause auszustellen. So entstanden umfangreiche Privatsammlungen. Eine Sammlung verschiedener Amphoren, die Schiffsglocke von einem Schiffswrack oder die Luftschraube eines Flugzeugs gehörten zum guten Ton und waren die Grundausstattung fast jedes erfolgreichen Tauchers.

Das Wrack einer Messerschmitt Bf 109 nahe der griechischen Insel Kreta.

Diese Einstellung hat sich in der Zwischenzeit bei den meisten Tauchern verändert. Heute stehen vermehrt der Erhalt, die Erforschung und die Bedeutung der Wracks als historischer Wert im Vordergrund. Hier hat sich neben teilweise schärferen gesetzlichen Regelungen und Kontrollen auch die heutige Bedeutung des Tauchsports als für den Tourismus relevanter Faktor positiv ausgewirkt. Fast jede kommerzielle Tauchbasis ist daher aktiv um den Erhalt der Wracks bemüht, um sie als interessanten Tauchplatz für seine Kunden zu erhalten. Taucher, die mit Einzelteilen ihrer Lebensgrundlage in den Händen vom Tauchgang zurückkehren, machen sich nicht immer beliebt. Ein weiterer Aspekt des Tauchens als Massensport hat sich so zumindest auch positiv hinsichtlich der Suche und Entdeckung von Flugzeugwracks ausgewirkt. Denn die Betreiber von Tauchschulen sind immer interessiert an neuen, interessanten

Zwei bekannte Wracks im Pazifik: P-38 Lightning und die B-17 »Blackjack« bei Papua-Neuguinea.

Tauchplätzen und die Regionen konkurrieren mit der Zahl und der Vielfalt an Wracks, Felswänden und Fischaufkommen.

In der Nebensaison suchen daher viele mit dem Echolot den Meeresgrund in ihrem Gebiet gezielt ab, um neue, potentiell interessante Tauchplätze zu finden. Im Fokus stehen hier natürliche Formationen wie Felswände und Riffe, aber natürlich auch Schiffs- und Flugzeugwracks. Beides erkennt man auf dem Echolot sehr einfach u. a. anhand der Fischmenge, die sich in der Nähe oder darüber aufhält. Mit diesem Gerät ist aber meist keine Aussage über die genaue Form des Gegenstands oder seiner Qualität als Tauchplatz zu erhalten. Hat man so eine Stelle in betauchbaren Tiefen geortet, überprüfen Taucher Stelle unter Wasser. Gerade bei kleineren Wracks, Strömung oder schlechter Sicht kann es vorkommen, dass man nach dem Abtauchen den Grund nicht in unmittelbarer Nähe des Wracks erreicht. Auch hier können Fische den Wracksuchern helfen: Wenn man sich auf sie zubewegt, flüchten sie meist auf kürzestem Weg dorthin, wo sie sich verstecken können – also in Richtung Wrack oder Riff.

Vor den 1990er-Jahren lag die maximale Tauchtiefe mit Pressluft bei maximal etwa 70 Metern. In diesem Tiefenbereich sind die meisten Gebiete in tauchtouristisch erschlossenen Regionen abgesucht, fast alle dort auf Grund liegenden größeren Wracks wurden zwischenzeitlich gefunden, darunter auch einige Flugzeuge. Da die Suche nach gesunkenen Flugzeugen und deren Ortung aber aufgrund ihrer oft geringen Größe und dem meist sehr schlechten Erhaltungszustand ungleich schwieriger ist als die von Schiffen, könnten hier in den nächsten Jahren noch interessante Funde gemacht werden. Durch die seit der Jahrtausendwende rasante Verbreitung und Weiterentwicklung des technischen Tauchens mit Mischgasen und Kreislaufgeräten rückt nun auch der Bereich jenseits der 100 Meter in den Fokus. In diesen Tiefen kann man auch heute noch unbekannte Wracks finden.

Im Mittelmeer, östlich der Insel Malta, liegt das Wrack einer englischen Bristol Beaufighter in einer Tiefe von 38 Metern.

Außerdem hat sich die Ortungstechnik verbessert. GPS, hochauflösende Side-Scan-Systeme und Spezialsoftware sind leistungsfähiger und günstiger geworden und stehen daher nicht mehr nur dem Militär zur Verfügung. Seegebiete können nun großflächig und systematisch gescannt werden, die Geräte liefern in Echtzeit ein sehr detailliertes Bild des Meeresbodens. Spezialsoftware stellt diese Daten zudem als dreidimensionale Karte des Meeresgrunds dar. Form, Größe und Position von Objekten auf dem Grund lassen sich exakt bestimmen. Heute nutzen neben dem Militär auch große Unternehmen diese Technologie auf der Suche nach Rohstoffquellen. Immer häufiger steht sie auch kleineren Forschungseinrichtungen wie meeresbiologischen Instituten und behördlichen Einrichtungen wie Hafenämtern zur Verfügung. Bei Mess- und Kontrollfahrten erscheint immer wieder die charakteristische kreuzartige Form eines bis dahin noch unentdeckten Flugzeugwracks auf den Monitoren.

Insbesondere für die weitere Erforschung und die Identifizierung dieser Zufallsfunde von Fischern, Tauchern und Behörden spielt eine andere technische Entwicklung eine immer wichtigere Rolle. Im Internet verbreitet sich heute die Nachricht über ein neu gefundenes Wrack fast über Nacht auf der ganzen Welt. Der Markt für Bücher in dieser »Nische in der Nische« ist zumindest kommerziell betrachtet eher überschaubar, dementsprechend war die Zahl der für die Recherche nutzbaren Fachpublikationen gering.

Taucher, Forscher und Luftfahrthistoriker können heute viel leichter über alle Grenzen hinweg zusammenarbeiten, historische Dokumente und technische Unterlagen austauschen, gemeinsam die Ergebnisse abgleichen und ihr Wissen teilen. Über das Internet findet heute aber nicht nur der Austausch von Informationen und Neuigkeiten statt. Unzählige Taucher und Forscher veröffentlichen hier ihre Berichte, Fotos und Filme und machen die Faszination auch all jenen zugänglich, die nicht selbst zu ihnen hinabtauchen können.

Die letzten Überreste einer deutschen Ju 87 nahe der Halbinsel von Giens in Südfrankreich, aufgenommen 2006. In den 80 Jahren war die Stuka-typische, geknickte Form des Flügels noch gut zu erkennen.

DER ZAHN DER ZEIT

DER ZAHN DER ZEIT

Fotos und Filmaufnahmen werden bald alles sein, was noch an die historischen Flugzeugwracks auf dem Meeresgrund erinnert. Auch die Wracks, die bislang alle Netze und Trophäenjäger überstanden haben, werden bald für immer verschwunden sein. Flugzeuge sind gemäß ihrer Bestimmung so konstruiert, dass sie zwar stabil, aber gleichzeitig möglichst leicht sind. Diesen Widerspruch versuchte man früher zu lösen, indem man dem Flugzeug ein stabiles Skelett gab und den Rumpf und die Flächen mit Stoff oder Holz verkleidete. Später konnte man mit neuen Werkstoffen wie Aluminium dem Flugzeug auch durch die Beplankung aus Metall weitere Stabilität verleihen. Vom ersten Konstruktionstyp sind meist nur noch die massiveren tragenden Teile und die Motoren erhalten. Die mit Metall beplankten Flugzeugwracks sehen auf den ersten Blick meist noch besser aus und sehen eher einem Flugzeug ähnlich als das bloße Skelett. Unabhängig von ihrer Bauweise sind die Wracks aber im Meer dem Salzwasser, Pflanzen und Mikroorganismen ausgesetzt. Das Metall wird angegriffen und verliert über die Zeit immer mehr an Stabilität. Alte und aktuelle Bilder der einzelnen Wracks vermitteln deutlich den schnell fortschreitenden Verfall der Wracks. Flugzeuge, die nach über 40 Jahren nach ihrem Absturz optisch noch sehr gut erhalten waren,

Savoia SM81 aus den 1940er-Jahren.

sind heute – nur 20 Jahre später – kaum wiederzuerkennen. Heute führt oft eine nur geringe mechanische Belastung wie die Strömung dazu, das Teile des Wracks abbrechen oder der komplette Rumpf und die Tragflächen kollabieren. Liegen die einzelnen Teile erst einmal flach und verteilt auf dem Meeresgrund, dauert es nicht mehr allzu lange, bis sie für immer im Sediment versunken sind oder bis zur Unkenntlichkeit zerfallen. Wenn die Spuren der noch unbekannten Wracks bald vollständig vom Meeresgrund verschwunden sein werden, wird auch die Möglichkeit verloren gehen, ihre Geschichte zu erforschen und das Schicksal der mit ihnen bis heute verschollenen Besatzungen zu klären.

Das Balkenkreuz auf dem Flügel eines Ju-88-Wracks bei Marseille.

Die Fw 58 im Lac de Bourget ist aufgrund des Süßwassers und der Tiefe von noch sehr gut erhalten.

73

Im Frühjahr 1951 wird eine sechs Jahre zuvor im Zweiten Weltkrieg abgestürzte Messerschmitt Bf 109 mitsamt dem vermissten Piloten aus dem in Bayern gelegenen Ammersee geborgen.

TRAUER BRAUCHT EINEN ORT

TRAUER BRAUCHT EINEN ORT

Das Schicksal »Vermisst über See« war in den Anfängen der Fliegerei noch das Privileg einzelner Vermögender, Abenteurer und Rekordjäger. Über deren aufsehenerregendes Verschwinden wurde in den öffentlichen Medien intensiv berichtet. Aufwendige Suchaktionen wurden eingeleitet. Mit Beginn des Zweiten Weltkriegs betraf dieses Schicksal immer mehr Familien auch persönlich und direkt. Denn »Vom Einsatz nicht zurückgekehrt« oder »Missing in Action« stand nun für das ungewisse Schicksal tausender Namenloser, die über See vermisst werden. Über ihr individuelles Schicksal wurde im Interesse der Kriegsführenden wenig oder gar nicht öffentlich berichtet. Oft waren die Umstände und der genaue Absturzort der Luftwaffe selbst nicht bekannt und manches unterlag der Geheimhaltung. Dementsprechend wenig erfuhren daher die Angehörigen über das genaue Schicksal der Vermissten. Ihr ungeklärtes Schicksal beschäftigt die Hinterbliebenen und nahen Verwandten in manchen Fällen bis heute. Denn die verzweifelte Hoffnung vieler Familien, der Vermisste könnte aus dem Meer gerettet worden sein, überlebt haben und nach

Gerhard Steinert, Pilot der geborgenen Messerschmitt.

Kriegsende aus der Gefangenschaft nach Hause zurückzukehren, hat sich in den meisten Fällen nicht erfüllt. Es gibt aber auch keinen Grabstein oder einen ungefähr definierten Ort für die Angehörigen, an dem Sie ihre Trauer festmachen können. Der Fund, die Erforschung und die Identifizierung eines Flugzeugwracks können hier den heute noch lebenden nahen Verwandten nicht nur einen genauer definierten Ort nennen.

Das Flugzeug wird nach der Bergung am Ufer untersucht, die Überreste des Piloten aus dem Cockpit geborgen und das Wrack anschließend in seine Einzelteile zerlegt.

Auf dem Lkw verladen wartet das Flugzeug auf seine Fahrt zum Schrotthändler. Diese zahlten in den frühen Jahren des deutschen Wirtschaftswunders hohe Preise für das begehrte Altmetall.

Beisetzung der aus dem Cockpit geborgenen Gebeine des Piloten auf einem nahegelegenen Friedhof.

Bei der deutschen Luftwaffe wurden die Piloten nicht nur in der Taktik des Luftkampfes geschult. Auch das richtige Verhalten bei einer Notlandung auf See war Bestandteil der Ausbildung.

DER KRIEG

Der Zweite Weltkrieg und seine Folgen sind bis heute in der Öffentlichkeit, der Politik und den Medien präsent. Die über Wasser sichtbaren Spuren sind jedoch fast alle verschwunden. In den kommenden Jahren wird es keine Zeitzeugen mehr geben und der Krieg wird immer mehr als historische Angelegenheit betrachtet werden. Unter Wasser sind der Zweite Weltkrieg und seine Spuren noch heute in allen Weltmeeren deutlich sichtbar: Auf dem Meeresgrund der Ozeane liegen tausende Wracks aus dieser Zeit: Kriegsschiffe, U-Boote, Frachter und natürlich auch eine große Zahl an Flugzeugen der am Krieg beteiligten Nationen. Im Ersten Weltkrieg waren die Einsätze der Luftwaffe in den meisten Fällen auf die küstennahen Regionen beschränkt. Die Flugzeuge mit ihrer begrenzten Reichweite flogen meist im Sichtflug entlang der Küste oder wurden zur Aufklärung in unmittelbarer Nähe von Schiffsverbänden eingesetzt. Ihre Besatzungen konnten so nach einer Notlandung meist gerettet werden. Erst die technische Weiterentwicklung und vor allem die gesteigerte strategische und kriegsentscheidende Bedeutung der Luftwaffe im Zweiten Weltkrieg führten dazu, dass eine immer größer werdende Zahl an Flugzeugen über dem offenen Meer im Einsatz war und viele dort verschwand – die meisten für immer.

Die Jagdflieger

Die erfolgreichen Jagdflieger waren bei allen Nationen die erklärten Helden dieses Kriegs. Diese berühmten Piloten mit ihren über 1.000 PS starken und schwer bewaffneten Maschinen gaben der Propaganda in diesem industrialisierten Krieg mit seinen Millionen von Soldaten, Toten und Vermissten die Möglichkeit, diese Einzelkämpfer im Kriegsgeschehen personalisiert darzustellen. Sie gaben den Erfolgen der Luftwaffe ein Gesicht. Die

Namen berühmter Jagdflieger wie Galland, Marseille, Hartmann und von Werra waren in Deutschland jedermann bekannt. Ihre Flugzeuge waren schnell, wendig und zu Beginn des Kriegs den meisten gegnerischen Flugzeugen technisch überlegen. Die gut ausgebildeten Jagdflieger stammten zumeist aus prominenten oder adligen Familien. Im Laufe des Kriegs und seiner geografischen Ausweitung verlagerte sich das Einsatzgebiet für die Jagdflieger immer mehr aufs offene Meer: Abwehr von anfliegenden Bomberverbänden, Begleitschutz für Schiffe, Bomber und Transportflugzeuge, Jagd auf kleinere Schiffe und Seeaufklärung.

Winston Churchill lobt die Verdienste der Royal Airforce.

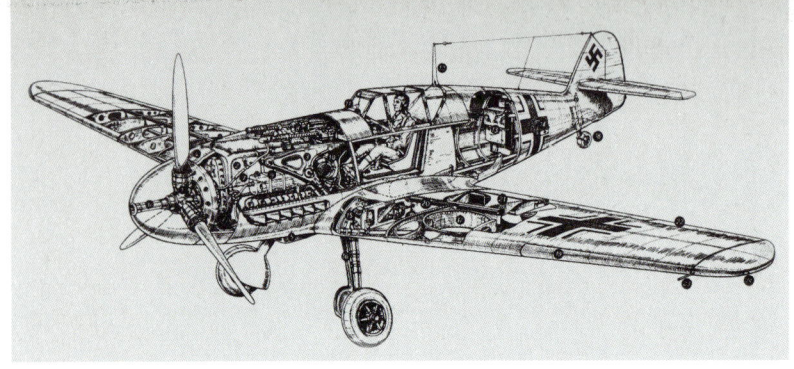

Die Jagdflugzeuge hatten einen entscheidenden Nachteil: Nach einer Notwasserung auf See versanken sie meist sofort.

Doch über See hatten die modernen Jagdflugzeuge zwei entscheidende Nachteile: Sie waren meist einmotorig und verfügten nur über einen geringen Treibstoffvorrat. Längere Luftkämpfe, witterungsbedingte Navigationsprobleme und kleine Fehler bei der Einschätzung der verbleibenden Reichweite konnten dazu führen, dass vielen über dem Meer der Treibstoff ausging. Auch ein Ausfall des Motors durch Beschuss oder eine der häufigen Pannen an diesen auf hohe Leistung ausgelegten Motoren bedeutete unausweichlich das Ende des Flugs und somit der Möglichkeit, zur sicheren Küste zurückzukommen.

» Never in the field of human conflict was so much owed by so many to so few. «

Mit diesen Worten ehrte Winston Churchill bei seiner Rede vor dem Unterhaus am 20. Juli 1940 die Angehörigen der britischen Luftwaffe, die als Jagdflieger während der verlustreichen, aber schließlich gewonnenen Luftschlacht um England im Einsatz waren.

Der letzte Flug von Franz von Werra. Er stürzt vor der Küste Hollands in die Nordsee.

Franz von Werra, einer der bekanntesten deutschen Jagdflieger der ersten Kriegsjahre, mit seinem Markenzeichen, dem Löwen Simba.

Franz von Werra (* 1914; † 1941)

Einer ihrer bekanntesten Gegner in dieser Schlacht war der deutsche Jagdflieger Franz von Werra. Im ersten Kriegsjahr hatte er bereits acht alliierte Flugzeuge abgeschossen, darunter fünf englische, und hatte sich so in der Luftwaffe schnell einen Namen gemacht. Sein Markenzeichen war der Löwe Simba.

Doch richtig berühmt wurde der gebürtige Schweizer erst, nachdem er am selbst 15. September 1940 über England bei einem Luftkampf mit Jagdfliegern der *Royal Air Force* abgeschossen wurde. Seine Messerschmitt Bf 109 E war am Motor getroffen worden. Von Werra musste deshalb auf einem Feld in der Grafschaft Kent notlanden. Er wurde gefangengenommen und von Offizieren der britischen Luftwaffe zwei Wochen lang intensiv und raffiniert verhört, soll dabei aber keine Geheimnisse preisgegeben haben. Im Gegenteil: Er studierte die Befragungstaktik während seiner vielen Verhöre.

Nur einen Monat nach der Notlandung unternahm der Kriegsgefangene dann seinen ersten Fluchtversuch aus dem Gefangenenlager Grizdale Hall. Er wurde kurze Zeit später an der Küste entdeckt, konnte aber erneut entkommen. Es dauerte aber keine Woche, bis er wieder in seinem Lager war. Es hatte die ganze Zeit geregnet, bis der völlig erschöpfte Pilot nach insgesamt sechs Tagen auf der Flucht ergriffen werden konnte.

Nach diesem ersten Fluchtversuch wurde er in ein anderes Gefangenenlager verlegt. Sein zweiter Fluchtversuch aus dem Gefangenenlager Swanswick zwei Monate später war besser geplant und wohl einzigartig in der Geschichte. Zusammen mit vier anderen Insassen gründete er die »Swanswick Tiefbau AG« mit dem Ziel, einen rund zwölf Meter langen Tunnel von ihrem Quartier aus unter dem doppelten Zaun des Lagers hindurch in die Freiheit zu graben. Im Dezember 1941, nach ungefähr vier Wochen Bauzeit, war der Tunnel fertiggestellt. Der Ausbruch gelang, die meisten von ihnen wurden jedoch schnell wieder in der Umgebung gefasst.

Von Werra flüchtete alleine, hielt sich aber diesmal nicht lange versteckt. Er hatte sich zuvor eine Fliegeruniform angefertigt, gab sich auf seiner Flucht als notgelandeter holländischer Pilot in Diensten der *Royal Air Force* aus und verlangte, zum nächsten Flugplatz gefahren zu werden. Dort fragte er nach einem Flugzeug, das er angeblich überführen sollte. Sein dreister Bluff funktionierte und wurde erst im letzten Moment entdeckt. Man hatte ihm schon ein Flugzeug übergeben und ihn eingewiesen. Kurz bevor er damit nach Deutschland flüchten konnte, wurde er von einem misstrauischen Offizier mit vorgehaltener Waffe aus dem Cockpit gebeten.

Die Popularität von Franz von Werra wurde auch für die Werbung genutzt.

Nach diesem gewagten und fast erfolgreichen Fluchtversuch war von Werra nun auch in England bekannt. Er wurde wieder in ein anderes Lager verlegt, diesmal mit dem Schiff nach Kanada. Von dort konnte er bald wieder entkommen. Er sprang während eines Transports aus dem Zug. Nach einer abenteuerlichen Flucht gelangte er über die bis dahin noch neutralen Vereinigten Staaten nach Süd-

1957 wurde seine spektakuläre Flucht verfilmt.

amerika und schließlich nach Europa zurück. Nach seiner Ankunft in Deutschland im April 1941 wurde er gefeiert, befördert und dekoriert.

Von besonderem Interesse waren auch seine Erfahrungen, die er als ehemaliger Kriegsgefangener in England gemacht hatte. Nur zehn Monate nach seiner Notlandung in England und einer Reise um die halbe Welt war er wieder als Pilot und Kommandeur einer Jagdgruppe im Einsatz. Die Kriegslage hatte sich seitdem verändert. Der Hauptkriegsschauplatz war nun die Ostfront.

Die Luftschlacht um England war verloren. Die deutsche Luftwaffe war aber gleichzeitig immer mehr damit beschäftigt, Bomberverbände aufzuhalten, die nun von England aus Ziele in Deutschland angriffen. Im September wurde seine Jagdgruppe daher von der Ostfront abgezogen und mit dem neuen Flugzeugtyp – der Messerschmitt 109 – nach Katwijk an der holländischen Küste verlegt. Dort startete Franz von Werra am 25. Oktober 1941 zu seinem letzten Flug. Er stürzte mit seiner Messerschmitt 109 in die Nordsee. Weder seine Leiche noch sein Flugzeug konnten jemals gefunden werden.

Hans »im Glück« Fahrenberger (* 1919; † 2009)

Den bekannten Namen steht eine Vielzahl namenloser Jagdflieger gegenüber, die über See ihr Leben verloren hatten oder vermisst wurden. Manchmal geben auch ein bekanntes Wrack und seine Erforschung diesen Unbekannten einen Namen und erinnern an ihre interessante Geschichte. Nicht immer ist ein Flugzeugwrack auch ein Grab. Mit viel Glück konnte man einen Absturz auch auf offener See überleben, vermisst und dennoch gerettet werden. Dieses Glück war dem erfahrenen Piloten Hans Fahrenberger schon öfter zuteil geworden. Über die Jahre war er an fast allen Kriegsschauplätzen im Einsatz gewesen. Er war nicht für zahlreiche Flugzeugabschüsse berühmt, sondern wegen der Abstürze, die er überlebt hatte. Er hatte insgesamt sechs Abstürze überlebt und sich so den Spitznamen »Hans im Glück« verdient.

Die Häfen an der südfranzösischen Küste waren häufig das Ziel alliierter Bomber. Das Foto zeigt die Bombardierung des strategisch wichtigen Hafens von Toulon.

Die gut erhaltene Messerschmitt liegt auf 40 Metern Tiefe südlich von Marseille.

Dieses Flugzeugwrack nahe der Leuchtturminsel
ist seit Jahren ein beliebter Tauchplatz.

Startvorbereitungen einer Messerschmitt 109 der Jagdgruppe Süd in Salon-de-Provence.

Am 7. März 1944 stürzte er über dem Mittelmeer ab. Am Morgen dieses Tages näherte sich ein amerikanischer Bomberverband mit Begleitschutz der südfranzösischen Küste. Ihr Angriffsziel war der strategisch wichtige Hafen von Toulon. Die in Avignon stationierte Jagdgruppe Süd erhielt den Auftrag, diesen Verband möglichst noch vor Erreichen der Küste auf offener See abzufangen. Gegen 10:45 Uhr trafen sie südöstlich von Marseille aufeinander. Was dann geschah, schilderte das Besatzungsmitglied eines amerikanischen Bombers so:
» Als wir näher kamen, stürzte sich eine 109 direkt von oben auf uns. Die Bordschützen unseres Flugzeugs und die der Flügelmänner eröffneten das Feuer auf die Messerschmitt. Wir sahen die Geschosse an ihrer Nase abprallen. Aus der Nähe schickte das deutsche Jagdflugzeug einen kurzen Feuerstoß aus seinen Bordwaffen. Wir erhielten einige Treffer aus der Maschinenkanone und den MGs, aber wir flogen noch und niemand war verletzt. Kurz vor einem Zusammenstoß drehte sich die Messerschmitt im letzten Moment auf die Seite und tauchte zwischen uns

durch. Der Bordschütze in der unteren Rumpfkanzel eröffnete das Feuer und konnte Treffer beobachten. Eine zweite 109 griff auf dieselbe Weise an, sie brachte unseren rechten Flügelmann zum Absturz. Eine zweite Messerschmitt schoss später den linken Flügelmann ab. «

Horst Rippert, ein Staffelkamerad von Hans Fahrenberger, beschreibt die folgenden Ereignisse dieses Tags in seinen Memoiren:
» Wir waren soeben gelandet. Leicht hatte es uns der Mistral wahrlich nicht gemacht. Mit 100 Kilometern pro Stunde Luftgeschwindigkeit fauchte er durch das Rhône-Tal. [...] Ich schleppe mich zum Funker, der seinen Hörer krampfhaft ans Ohr presst. Da – wiederholt die aufgefangenen Wortfetzen: ‚Motorschaden [...] zehn Kilometer vor der Küste [...] mache Wasserlandung [...] aus [...] aus!‘ Armer Hans! Mit einer Landmaschine in diesen Hexenkessel zu schlittern – fast aussichtslos! In wenigen Minuten ist der Raum leer. Hier heißt es nur noch: starten und suchen; suchen nach einem winzigen Punkt inmitten des schaumkronenübersä-

ten, aufgepeitschten Meeres. Beim dritten Start blendet mich die schon tief im Westen stehende Sonne. Armer Kerl, solltest du schwimmen, dann bleiben dir nur noch wenige Stunden – oder hat dich das salzige Ungeheuer schon vertilgt? Wieder sehe ich nichts, nur ein Seenotschiff tanzt wie ein Streichholz auf den grünblauen Wasserklippen. Draußen auf dem Felsen-Eiland steht der Leucht-turmwärter und winkt, anscheinend machen wir ihm Spaß. Doch weiter sehe ich nichts, keinen Kopf, keine Schwimmweste. Müde und zerschlagen gebe ich mit ausgedörrter Kehle meinen Bericht nach der Landung zur Hauptstelle weiter. «

Dieser winkende Leuchtturmwärter war Hans Fahrenberger. Seine Bf 109 war beim ersten An-griff auf die Bomber mehrfach getroffen worden, der Motor versagte seinen Dienst. Die Chancen, eine Notlandung oder einen Fallschirmabsprung über See fern der Küste zu überleben, standen an diesem Tag denkbar schlecht. Schuld daran

Der Staffelkamerad Horst Rippert war Zeuge der Ereignisse.

war der starke Mistral-Wind. Hohe Wellen und die starke Strömung lassen einen gewasserten Piloten schnell weit auf das offene Meer hinaus abtreiben. Noch während seine Messerschmitt unerbittlich an Höhe verlor, sichtete der »Hans im Glück« Fahrenberger die Île de Planier mit ihrem hohen Leuchtturm in gerade noch erreich-barer Entfernung. Diese kleine Insel war die ein-zige Rettung, denn das Festland lag noch 15 Ki-lometer entfernt. 100 Meter nordwestlich der In-sel, auf der dem Wind zugewandten Seite, setzte er sein Jagdflugzeug erfolgreich in die aufge-wühlte See. Aber während größere Maschinen sich oft noch über Wasser hielten, hatte die Bf 109 den Nachteil, dass sie unmittelbar nach einer Wasserlandung sank. Erst einige Meter unterhalb der Wasseroberfläche schaffte Fah-renberger es gerade noch, seine Gurte zu öffnen. Wie beabsichtigt trieben ihn Strömung und die Wellen genau auf die kleine Insel zu. Ausgerech-net auf dieser Seite der Insel ragen die Felsen mehrere Meter hoch senkrecht aus dem Wasser. Bei diesem Seegang war es undenkbar, hier un-versehrt auf die Insel zu gelangen. Wieder ein-mal kam ihm das Glück, diesmal in Form einer kleinen Bucht, zu Hilfe. Eine Seite dieser Bucht war der Brandung nicht so stark ausgesetzt. Mit

Hans Fahrenberger mit Schwimmweste vor seiner Messerschmitt im Mittelmeerraum.

III. Jg 27 8. Staffel Hans Fahrenber

»Hans im Glück« im Cockpit seiner Messerschmitt. Der Pilot hatte im Krieg sechs Abstürze überlebt.

allerletzter Kraft konnte er hier die rettende Insel erklimmen. Nach und nach kam Hans Fahrenberger wieder zu Kräften und zog seine nasse und kalte Fliegermontur aus. Die Insel war zu dieser Zeit verlassen, der Leuchtturm nicht besetzt. Am Nachmittag flogen seine Staffelkameraden mehre-

1993, fast 50 Jahre nach der Notlandung besuchte Hans Fahrenberger die Absturzstelle bei der Ile de Planier.

re Sucheinsätze. Ohne allzu viel Hoffnung suchten sie das Meer südlich von Marseille ab und überflogen dabei auch die Île de Planier. Neben dem Leuchtturm sahen sie einen einsamen, nackten Mann, der ihnen freudig zuwinkte. Obwohl sie diesen »Nudisten« für den Leuchtturmwärter hielten, meldeten die Kameraden den seltsamen Vorfall nach ihrer Rückkehr am Fliegerhorst. Nachfragen ergaben, dass der eigentliche Leuchtturmwärter zu dieser Zeit gar nicht auf der Insel war. Kurz vor der Dämmerung erreichte dann eine deutsche Rettungseinheit aus Marseille mit einem Boot die Insel.

Das Wrack seiner Messerschmitt 109 liegt noch heute nahe der Leuchtturminsel in 45 Metern Tiefe und ist seit vielen Jahren einer der beliebtesten Wracktauchplätze der Region. Zur Geschichte des Wracks wurde daher in den letzten Jahren viel geforscht. Von deutscher Seite gab es zu diesem Absturz fast keine aussagekräftigen Archivquellen oder erhaltene Dokumente, die Nachforschungen hatten aber einen anderen großen Vorteil: Nicht nur interessante Zeitzeugen, auch der Vermisste selbst hatte überlebt und konnte sich sehr gut an die Ereignisse dieses Tages erinnern.

Antoine de Saint-Exupéry (* 1900; † 1944) und Alexis Prinz zu Bentheim und Steinfurt (* 1922; † 1943)

Nur 15 km östlich liegt die Absturzstelle einer anderen Messerschmitt 109. Dieser Pilot hatte den Absturz nicht überlebt und wurde bis 2010 vermisst. Die Aufklärung seines Schicksals und die vorangegangene, intensive Wrackuntersuchung sind einem besonderen Umstand zu verdanken:

Genau dort, wo der fast vollständig im Sand versunkene Motor einer deutschen Messerschmitt 109 gefunden wurde, liegen auch die Wrackteile eines anderen, amerikanischen Flugzeugs – der P 38 von Antoine de Saint-Exupéry. Die wechselseitige Geschichte um die Erforschung dieser beiden Absturzstellen und Schicksale ist kaum unabhängig voneinander darstellbar und begann 1998 wie so oft mit einem Zufallsfund. Beim Reinigen seiner Netze fand der französische Fischer Bianco einen korrodierten kleinen Gegenstand. Statt diesen wie sonst üblich

Antoine de Saint-Exupéry am 9. April 1921 als Mitglied des 2e Régiment d'aviation de Strasbourg.

Das Rätsel auf dem Meeresgrund: Zwischen den Wrackteilen der amerikanischen P-38 von Saint-Exupéry liegt ein deutscher Flugzeugmotor.

Das Gemälde des bekannten Künstlers Colombo Max zeigt Alexis Prinz zu Bentheim und Steinfurt. Es wurde kurz nach dem Verschwinden des Prinzen angefertigt.

Der letzte Eintrag im Flugbuch: »Vom Feindflug nicht zurückgekehrt«.

über Bord zu werfen, begann er ihn zu reinigen. Was zum Vorschein kam, war nicht nur für Wrackforscher eine Sensation: Es war ein Armband mit dem Namen seines Eigentümers: Antoine de Saint-Exupéry.

Antoine de Saint-Exupéry war der bekannteste aller spurlos über See Vermissten. In den 1920er- und 1930er-Jahren hatte er sich in Frankeich, Afrika und Südamerika nicht nur als Flugpionier einen Namen gemacht: Als Schriftsteller wurde er weltberühmt. Über seine Erfahrungen als Pilot und Pionier verfasste er mehrere Bücher, immer auch angereichert mit einer distanzierten, präzisen und kritischen Betrachtung der gesellschaftlichen und politischen Umstände seiner Zeit. Sein bekanntestes Werk ist »Der kleine Prinz«, das 1943 erschien. Das Buch wurde seitdem in mehr als 180 Sprachen übersetzt und gehört bis heute mit 150 Millionen Exemplaren zu den drei meistverkauften Büchern der Welt. Was den Erfolg und die Faszination seiner Bücher ausmacht, beschrieb sein Freund André Gide im Vorwort zu seinem Buch »Nachtflug«:

» Alles, was Saint-Exupéry erzählt, trägt den Stempel des Selbsterlebten. Dies: daß er selber mehr als einmal der Gefahr die Stirn geboten hat, gibt dem Buche den Reiz des Echten und Unnachahmlichen. Lediglich der Phantasie entsprungene Geschichten von Krieg und Abenteuern gibt es in großer Zahl; sie mögen zuweilen von einer gewissen Einfühlungskraft des Verfassers zeugen; den wirklichen Abenteurern und Kämpfern werden sie jedoch meist nur ein Lächeln abnötigen. «

Der am 29. Juni 1900 in Lyon geborene Antoine de Saint-Exupéry hatte sich schon früh für die Fliegerei interessiert. Mit zwölf Jahren war er das erste Mal in der Luft und die Leidenschaft geweckt. Doch seine Laufbahn zum Piloten verlief nicht geradlinig. Bei der Marineakademie *Ecole Navale* wurde er nicht angenommen. Nach einem abgebrochenen Architekturstudium begann 1921 sein Wehrdienst in Straßburg, wo er auch zum Flugzeugmechaniker ausgebildet wurde. Um selbst in die Luft zu kommen, nahm er privat Flugstunden. Einige davon endeten mit Unfällen oder Abstürzen. Aber noch während seiner Zeit beim Militär hatte er seine Pilotenausbildung erfolgreich abgeschlossen. Fast gleichzeitig entstand auch sein Wunsch, über die Fliegerei zu schreiben. 1925 veröffentlichte er in einer Zeitung sein Erstlingswerk: *L'Aviateur* (*Der Flieger*).

Auf Wunsch seiner Verlobten, die ihn daraufhin trotzdem bald verließ, hatte er auf eine militärische Piloten-Karriere verzichtet und seitdem als Buchhalter und LKW-Verkäufer gearbeitet.

Doch 1926 konnte er seine Leidenschaft zum Beruf machen. In den folgenden Jahren arbeitete er für verschiedene Fluggesellschaften, die in dieser Anfangszeit der kommerziellen Luftfahrt entstanden waren. Seine Erfahrungen als Pilot, Flugplatzdirektor und guter Logistiker führten ihn schließlich nach Buenos Aires. Als Direktor der *Aeroposta Argentina* war er nun für die Erschließung neuer Luftfrachtrouten in Südamerika verantwortlich.

Antoine de Saint-Exupéry als Leiter des isoliert gelegenen Flugplatzes Kap Juby in Marokko. Diese Zeit in der Wüste wird die späteren Werke des Schriftstellers prägen.

Das Armband von Antoine de Saint-Exupéry befindet sich heute im Museum in Le Bourget.

Nach der Rückkehr in das von ihm vermisste Europa heiratete er im April 1931 in Nizza die Künstlerin Consuelo Suncin Sandoval de Gomez. Er blieb er der Fliegerei treu und arbeitete zuerst als Testpilot für Wasserflugzeuge, wobei er bei einem Absturz fast ums Leben kam, danach bei der neu gegründeten *Air France*.

1935 wollte Exupéry einen Rekord für die Strecke Paris–Saigon aufstellen. Sein Flug endete mit einem Absturz mitten in der Wüste nahe der lybisch-ägyptischen Grenze. Nachdem sie mehrere Tage lang zu Fuß durch die Wüste gelaufen waren, wurden Saint-Exupéry und sein Bordmechaniker völlig erschöpft von Beduinen gefunden und gerettet.

Nebenbei hielt er Vorträge oder war als Reporter auf Reisen. Er berichtete aus Russland und vom Spanischen Bürgerkrieg. 1937 war seine Dienstzeit bei der *Air France* beendet. Seine Schriftstellertätigkeit allein und die Tantiemen seiner bislang erschienenen Bücher *Südkurier* und *Nachtflug* reichten zum Leben nicht aus. Exupéry setzte seine Erfahrungen nun als Erfinder um und meldete mehrere Patente an. 1938 machte er sich – auch aus Geldnot – an einen neuen fliegerischen Rekordversuch: Die über 10.000 km lange Route von New York nach Feuerland. Er stürzte bei Guatemala ab und überlebte nur knapp seine 32 Knochenbrüche. Er erholte sich von diesem

Das Skoda-Logo auf dem Zylinderblock des unbekannten Motors war das erste Zeichen, dass es sich nicht um einen Motor der Lightning handeln kann.

Unfall in New York und stellte dort aus seinen in den vergangenen Jahren entstandenen Schriften das Kompendium *Terre des hommes* (*Wind, Sand und Steine*) zusammen, bevor er nach Frankreich zurückkehrte.

Am 9. September 1939 meldete sich Antoine de Saint-Exupéry zur französischen Luftwaffe. Der zweite Weltkrieg hatte gerade begonnen, doch Exupery war vorerst nicht gefragt. Er hatte zwar viel Erfahrung als Pilot, war aber bereits 39 Jahre alt und von seinen Abstürzen gezeichnet. Verschiedene Militärärzte hielten seinen Zustand über Monate für nicht flugtauglich. Wegen seiner Beharrlichkeit und vor allem dank seiner Beziehungen schaffte er es schließlich. Er wurde als Pilot zu der Aufklärungsgruppe 2/33 nach Orcante versetzt. Aus der Luft musste er bei seinen Aufklärungsmissionen die schnelle Niederlage der französischen Armee beobachten.

Am 31. Juli 1940 wurde Saint-Exupéry in Algerien aus dem Kriegsdienst entlassen. Nur für kurze Zeit kehrte er nach Frankreich zurück. »Für ein Leben in Okkupation nicht geschaffen zu sein« und »um Abstand zu gewinnen« waren seine Gründe, schnell wieder das Land zu verlassen. In New York schrieb er im Exil zuerst *Flug nach Arras*, danach sein bekanntestes Werk *Der kleine Prinz*. Das Buch wurde im April 1943 in den USA veröffentlicht.

Nur einen Monat später war Exupéry in Algerien. Er wollte unbedingt wieder fliegen. Er kam zu seiner alten Einheit 2/33, die nun als Teil der *Freien französischen Streitkräfte* auf Seiten der Alliierten im Einsatz war. Seine Aufklärungsgruppe war mit modernen amerikanischen Maschinen des Typs P 38 *Lightning* ausgestattet. Saint-Exupéry war mittlerweile deutlich über 40 Jahre alt und somit doppelt so alt wie die meisten anderen Kampfpiloten. Es bedurfte immer wieder seiner Beharrlichkeit und Beziehungen, um auf einer P 38 geschult zu werden, weiterhin aktiver Pilot bleiben zu können und schließlich im Mai 1944 wieder Aufklärungseinsätze über Frankreich ge-

Der Jagdflieger Prinz zu Bentheim und Steinfurt in seiner Messerschmitt 109.

nehmigt zu bekommen. Am 16. Juli wurde seine Einheit von Sardinien nach Korsika verlegt.

Am Morgen des 31. Juli 1944 startete Exupéry mit einer P 38 vom Flugplatz in Borgo zu einem Aufklärungseinsatz in Richtung Frankreich. Zwei Briefe ließ er auf seinem Schreibtisch zurück. Einer enthielt folgende Sätze:

» Ich für meinen Teil führe Krieg so gründlich wie möglich. Bestimmt bin ich der älteste Pilot der Welt. Die Altersgrenze für den Jagdeindecker, den ich fliege, beträgt dreißig Jahre. Und neulich hatte ich eine Motorpanne in 10.000 Metern Höhe über Annecy, gerade als ich [...] 44 geworden war. Während ich mit der Geschwindigkeit einer Schildkröte über die Alpen schaukelte, als Freiwild für jeden deutschen Jäger, musste ich lachen beim Gedanken an die Superpatrioten, die in Nordafrika meine Bücher verbieten. Komisch ist das. Seit meiner Rückkehr zur Gruppe (die Rückkehr ist ein Wunder) habe ich alles mitgemacht. Ich hatte Sauerstoffmangel, wurde ohnmächtig, weil der Sauerstoff ausblieb, wurde von Jägern verfolgt und erlebte auch einen Brand während des Flugs. Ich zahle mit barer Münze. Ich glaube nicht, dass ich allzu geizig bin und komme mir vor wie ein braver Zimmermann. Das ist das Einzige, was mich befriedigt. Und auch, dass ich als einziger Flieger und allein an Bord stundenlang über Frankreich kreise, um Auf-

Das Foto zeigt die Messerschmitt Bf 109 F-4 mit der Werknummer 8085 bei einer Motorwartung. Mit diesem Flugzeug stürzte der deutsche Prinz ins Mittelmeer.

nahmen zu machen. Seltsam ist das. Hier ist man weit weg von der Hassatmosphäre, aber so nett die Truppe auch ist, man steckt doch ein wenig im menschlichen Elend. Ich habe – niemals – jemanden, mit dem ich reden kann. Es ist schon was, wenn man Menschen hat, mit denen sich leben lässt. Doch welche geistige Einsamkeit! Sollte ich abgeschossen werden, werde ich rein gar nichts bedauern. Vor dem künftigen Termitenhaufen graut mir. Und ich hasse ihre Robotertugend. Ich war dazu geschaffen, Gärtner zu sein. Ich umarme Sie. «

Exupéry kehrte von diesem Einsatz nicht zurück, er verschwand spurlos. Über die Jahre entstanden verschiedenste Theorien über die Ursache und den Ort des Absturzes. Ein möglicher Selbstmord, technische Probleme oder die körperliche Gebrechen und das Alter Exupérys sollten demnach zu einem Absturz wahlweise auf einen Alpengletscher, ins Mittelmeer oder in den Atlantik geführt haben. In den folgenden Jahrzehnten wurde zu seinem Schicksal intensiv geforscht und vielen

Spuren und Zeitzeugenberichten nachgegangen. Auch der Meeresgrund zwischen Cannes und Toulon wurde mehrfach abgesucht. Doch sein Schicksal konnte nicht aufgeklärt werden. Weder Saint-Exupéry noch das Wrack seiner P 38 wurden jemals gefunden.

Dieses Wrack irgendwann einmal doch zu finden, war deshalb so etwas wie der »Gral« der Flugzeugarchäologie. Dieses Glück hatte Luc Vanrell. Der Sohn eines Tauchers aus Marseille hatte früh das Tauchen gelernt und schon mit fünf Jahren sein erstes Wrack entdeckt. Auch wenn der Fund des Fischers anfangs umstritten war – die Echtheit des Armbands und die Art des unwahrscheinlich glücklichen Fundes wurden angezweifelt – hatte Luc Vanrell einen besonderen Grund, dem Fischer zu glauben: Er kannte die Fischgründe von Bianco und wusste, dass in diesem Gebiet auch Flugzeugteile lagen. Sein Vater hatte ihm davon erzählt. Er hatte sie sich in den 80er-Jahren auch selbst schon einmal angesehen und fotografiert.

Bei Mercedes wurden im Krieg über 20.000 Flugzeugmotore des Typs DB601 produziert.

Der »Nachwuchsflugzeugführer« Alexis Prinz zu Bentheim beendet seine Ausbildung als Jagdflieger. Er wird von seinem ersten Kampfeinsatz nicht zurückkehren.

Im Seegebiet vor Marseille gibt es aber mehr als 300 Wracks und wunderschöne Felsen. Die meisten Tauchplätze sind interessanter als ein paar verstreut auf Grund liegende Flugzeugteile. Erst nach dem Fund des Armbands begann Luc Vanrell, diese Wrackteile intensiv zu untersuchen. Weitere Tauchgänge zu dem Trümmerfeld in 45 bis 85 Metern Tiefe bestätigten seinen Verdacht: Es handelte sich bei großflächig auf dem sandigen Meeresgrund verstreuten Flugzeugteilen um die Reste einer Lightning. Zwischen 1943 und 1944 waren aber zwölf Maschinen dieses Typs an der südfranzösischen Küste ins Meer gestürzt. Durch weitere Untersuchungen zusammen mit Philippe Castellano und einem Abgleich der Detailbilder mit technischen Unterlagen konnte man weiter eingrenzen: Es handelte sich um Teile einer »J« Reihe. Von diesem Typ kamen nur vier Verluste in Frage, drei davon gut dokumentiert und geortet. Es blieb nur noch das Flugzeug von Antoine de Saint-Exupéry mit der Produktionsnummer 2734 übrig. Der Fund wurde im Jahr 2000 den Behörden gemeldet, drei Jahre später wurden Teile des Flugzeugs geborgen. Auf einem Blech fand sich die Nummer 2734. Die Fragen um den Absturzort von Antoine de Saint-Exupéry waren geklärt. Die geborgenen und untersuchten Wrackteile wurden teilweise archiviert oder im *Musée de l'Air et de l'Espace* in Paris ausgestellt. Die Fragen über Ursachen und Umstände des Verschwindens konnte anhand der Wrackteile aber immer noch nicht geklärt werden. So rückte in den folgenden Jahren das deutsche Triebwerk in den Fokus der Forschungen von Luc Vanrell, das ebenfalls ein Zufallsfund war. Bei einem Tauchgang zur Untersuchung der Wrackteile der P 38 im Jahr 2000 war

Luc Vanrell bei den Vorbereitungen zur Bergung des Motors in 57 Metern Tiefe. Der im Sand versunkene 700 kg schwere Block wird freigelegt, um daran Seile befestigen zu können.

An den Seilen wurde ein Hebesack mit 1.500 kg Auftrieb befestigt und dieser mit Luft befüllt.

ihm eine kleine Gorgonie aufgefallen, die auf sandigem Grund gewachsen war. Dem erfahrenen Taucher war klar, das Gorgonien immer einen festen Untergrund bevorzugen. Nach kurzen Graben stellte sich heraus: Die Gorgonie wuchs auf einem großen Motor, der im Sediment eingesunken war. Weitere Einzelheiten kamen zum Vorschein: Es handelte sich um einen V12-Motor, wie er auch bei der Lightning verwendet wurde. Aber andere Details machten Luc Vanrell stutzig. Die Nummern

auf den sichtbaren und zugänglichen Bauteilen sahen anders aus als bei amerikanischen und es gab auch ein seltsames Logo auf dem Zylinderblock, das Luc zunächst nicht zuordnen konnte. Erst später nach dem Tauchgang sah dieser das Logo im Straßenverkehr erneut: Das Auto vor ihm war ein *Škoda*. Das Logo dieses tschechischen Automobilherstellers hatte sich in den letzten 60 Jahren fast nicht geändert. *Škoda*-Motoren in amerikanischen Flugzeugen erschien äußerst unwahrscheinlich.

Die Absturzstelle südöstlich von Marseille liegt nahe der Ile de Riou.

Auch die Nummern auf den Bauteilen deutete in eine andere Richtung: Es handelte sich um den Motor eines deutschen Flugzeugs, genauer um einen *Mercedes-Benz* DB 601. Die Existenz dieses deutschen Flugmotors zwischen den Wrackteilen der amerikanischen P 38 von Antoine de Saint-Exupéry warf natürlich die Frage auf, ob es hier einen Zusammenhang zu der immer noch völlig ungeklärten Absturzursache des Vermissten Schriftstellers gab. Gab es am 31. Juli 1944 eventuell einen Luftkampf oder eine Kollision der beiden Flugzeuge, dem beide Piloten zum Opfer fielen. Gab es einen zeitlichen oder nur örtlichen Zusammenhang? Doch dieses Rätsel zu lösen und die Fragen zu beantworten, schien vorerst nahezu aussichtslos. Denn von diesem DB 601-Motor wurden fast 20.000 Exemplare gebaut, die vor allem bei dem legendären Jagdflugzeug *Messerschmitt* Bf 109, aber auch bei anderen Flugzeugtypen wie der Me 110, der Me 209 und der He 111 zum Einsatz kamen. Nach nur jeweils etwa 200 Betriebsstunden wurden die Triebwerke wieder ausgebaut, ausgetauscht und im Herstellerwerk generalüberholt. Jede Luftwaffeneinheit hatte daher eine komplizierte Logistik und ein Lager für Ersatz- und Tauschmotoren, um die Flugzeuge möglichst jederzeit einsatzbereit zu halten. Die Seriennummer des Motors, der gerade in einem Flugzeug eingebaut war, wurde in den seltensten Fällen dokumentiert. Daher ist es bei deutschen Flugzeugen nahezu unmöglich, einen gefundenen Flugmotor einem bestimmten Flugzeug eindeutig zuordnen zu können.

Erst fünf Jahre nach dem Fund des Motors kam wieder durch einen Zufall neuer Schwung in die Nachforschungen. Bei den Forschungen zu einem anderen Flugzeugwrack, einer Ju 88 in der Bucht vor Marseille, kam es zu einem Treffen zwischen Luc Vanrell und Lino von Gartzen. Der Flugzeugforscher aus Bayern hatte Luc Vanrell in Marseille besucht, um widersprüchliche Informationen und Dokumente zur Geschichte dieses gut erhaltenen Wracks auszutauschen und abzugleichen. Luc Vanrells berichtete mit seiner herzlichen, offenen Art und zugleich in sehr professioneller und sachlicher Argumentation nicht nur über seine Forschungen zur Ju 88 und seinen Erfahrungen zu anderen Flugzeugwracks, sondern auch über den aktuellen Stand der Forschungen zu Saint-Exupéry. Zwar hatte Lino von Gartzen zuvor aus verschiedenen Presseberichten von der sensationellen Entde-

ckung dieses Flugzeugswracks erfahren. Die Gelegenheit, Informationen aus »erster Hand« zu erhalten, war natürlich viel interessanter. Und wie so oft gab es ein spannendes Detail, von dem er aus der Presse noch nichts erfahren hatte: die Existenz des unbekannten deutschen Flugmotors an der Absturzstelle der P 38 von Antoine de Saint-Exupéry.

Nach diesem ersten Treffen in Marseille vereinbarte man, nicht nur bei weiteren Recherchen zur Geschichte der Ju 88 zu kooperieren, sondern auch gemeinsam ein Konzept zur Untersuchung und Identifizierung des deutschen Motors zu entwickeln. Zwei Monate später trafen sie sich in Marseille zu den ersten gemeinsamen Tauchgängen. Unter Wasser zeigte sich aber schon bei den ersten Tauchgängen, das bei beiden Forschungsprojekten eine weitere Erforschung und eine genaue Identifizierung sehr schwierig werden würde. Bei der Ju 88 konnten keine eindeutigen Identifikationsmerkmale gefunden werden, da wichtige Teile des Wracks in sehr schlechtem Zustand oder nicht zugänglich waren.

Luc Vanrell untersucht die Wrackteile der P-38 Lightning von Antoine de Saint-Exupéry.

Auch bei dem Motor standen sie vorerst vor einem nicht lösbaren Problem: Das Triebwerk war zum größten Teil im Sand versunken. Die wenigen Stellen, die ohne eine aufwendige Grabung sichtbar waren, gaben zwar Aufschluss über den Typ des Triebwerks, nicht aber über seine genaue Ausführung. Somit gab es keine Möglichkeit, das Triebwerk einem bestimmten Flugzeugmodell oder Einsatzzeitpunkt eindeutig zuzuordnen. Die Bilanz der ersten gemeinsamen Tauchgänge war ernüchternd, bei der Rückreise nach Bayern hatte Lino von Gartzen wenig neue Informationen im »Gepäck«. Aber diese Tauchgänge waren eine gute Möglichkeit, sich vor Ort mit den beteiligten Forschern, den Bedingungen und Schwierigkeiten der Untersuchungen vertraut zu machen – und außerdem ein enormer Motivationsschub, das Rätsel um den deutschen Motor aufzuklären. Vor seiner Abreise besprach er mit Luc Vanrell und Philippe Castellano die Möglichkeiten, wie von Deutschland aus unter Umständen weitere Informationen zum Motor zusammengetragen und die Forschungen unterstützt werden könnten. Das Ziel der weiteren gemeinsamen Forschungen wurde definiert:

» Gibt es einen zeitlichen, kausalen oder nur zufälligen, örtlichen Zusammenhang zwischen dem deutschen Flugmotor und dem Absturz der P-38 von Antoine de Saint-Exupéry bei der Île de Riou? «

Es gab drei Richtungen, die sie zu diesem Zweck in Deutschland vorantreiben wollten: Luc Vanrell und Philippe Castellano hatten bereits eine Menge an Informationen zu Verlusten und Abstürzen deutscher Flugzeuge an der französischen Küste zusammengetragen. Diese Informationen sollten in deutschen Archiven wie dem Militärarchiv in Freiburg und in deutschsprachigen Publikationen überprüft, abgeglichen und nach Möglichkeit ergänzt werden.

Anhand dieser Informationen wollten sie Zeitzeugen suchen: ehemalige Piloten und Luftwaffenangehörige, die während des Kriegs in Südfrankreich stationiert waren. Vielleicht würde man so an weitere hilfreiche Informationen kommen, die nicht in den wenigen noch erhaltenen offiziellen Berichten zu finden waren. Insbesondere über das Triebwerk sollte bei *Mercedes-Benz* und in den Archiven von anderen Zulieferfirmen nach Möglichkeiten gesucht werden, wie man dieses Triebwerk am besten eindeutig identifizieren und zuordnen könnte. Der Fokus der Nachforschungen in Deutschland beruhte entsprechend dem Konzept ausschließlich auf den Möglichkeiten, die einer Identifizierung des Triebwerks dienen könnten. Weitere gezielte Recherchen in Deutschland zum Verschwinden Saint-Exupérys waren nicht geplant. Zu diesem Zeitpunkt gingen die beteiligten Forscher davon aus, dass dieses Thema

Der letzte Flug von Antoine de Saint-Exupéry von Korsika in Richtung Südfrankreich.

schon ausführlich und bis ins letzte Detail erforscht war – hatten doch so viele Personen in den letzten Jahrzehnten nachgeforscht. Außerdem war auch eine große Zahl unterschiedlicher und teils widersprüchlicher Publikationen erschienen.

Dass der deutsche Flugmotor schließlich später einmal ein wichtiger Meilenstein für die Forschungen zum letzten Flug Antoine de Saint-Exupérys werden würde, obwohl er letztendlich nichts damit zu tun hatte, konnte im Jahr 2005 keiner der Forscher ahnen. Doch drei Jahre später hatte die französische-deutsche Kooperation bei den Forschungen tatsächlich in allen drei Bereichen wichtige neue Erkenntnisse über den Motor und letztendlich über diesen Umweg auch zu Saint-Exupéry zusammentragen können.

Im Jahr 2006 wurde der Flugmotor an der französischen Küste geborgen. Zuvor war in Zusammenarbeit mit dem Leiter des *Mercedes*-Archivs ein Konzept zur Untersuchung erstellt und daraufhin von den französischen und deutschen Behörden die Bergung des Motors genehmigt worden.

Der Motor wurde in München in seine Einzelteile zerlegt. Hauptziel war es, im Motor Bauteile oder Modifikationen zu finden, die erst ab einem bestimmten Zeitpunkt zum Einsatz kamen. Die einzelnen Teile wurden mit den Unterlagen von *Mercedes Benz*, *Bosch* (Zündkerzen, Einspritzpumpe), *Škoda* (Zylinder) und *L'Orange* (Einspritzdüsen) abgeglichen. Am Ende stand fest: Es handelt sich bei dem Motor um eine modernisierte Version des Typs DB 601 E, der zwischen Sommer 1943 und Frühjahr 1944 in eine Messerschmitt Bf 109 F 4 eingebaut wurde. In den Verlustlisten der Luftwaffe fanden sich zwei im Winter 1943–44 abgestürzte Messerschmitt Bf 109 F 4 der Jagdgruppe Süd, die für den gefundenen Motor in Frage kamen. Weitere Details deuteten darauf hin, dass es sich dabei mit größter Wahrscheinlichkeit um die Maschine von Alexis Prinz zu Bentheim und Steinfurt handeln musste. Der junge Pilot war am 2. Dezember 1943

Fürst zu Bentheim und Steinfurt besucht im Januar 2007 die Absturzstelle seines vermissten Bruders.

in Avignon zu seinem ersten Feindflug gestartet. An diesem Tag wurde der U-Boot-Bunker am Hafen von Marseille von über 150 alliierten Bombern und Jägern als Geleitschutz angegriffen. An die 20 deutsche, teils unerfahrene Jagdflieger der Jagdgruppe Süd sollten diesen Angriff abwehren. Mehrere deutsche Maschinen wurden bei diesem Angriff abgeschossen und auch Alexis Prinz zu Bentheim kehrte von seinem Einsatz nicht zurück. Er galt seitdem südlich Marseille als »über See vermisst«. Das bekannte alte deutsche Adelsgeschlecht gibt es seit fast 1.000 Jahren. Es hat seinen Sitz in Steinfurt nahe der holländisch-deutschen Grenze. Christian, der jüngere Bruder des Piloten und heutige Fürst zu Bentheim und Steinfurt zeigte sofort großes Interesse an unseren Forschungen. Er war im Krieg selbst als Jagdflieger mit einer Messerschmitt 109 im Einsatz, hatte später jahrelang intensiv, aber vergeblich Nachforschungen zu dem Verbleib und dem genauen Schicksal seines vermissten Bruders angestellt und die Hoffnung nie aufgegeben, eines Tages doch noch Genaueres über sein Schicksal und Verbleib zu erfahren.

64 Jahre nach dem Absturz konnte Fürst Christian zu Bentheim und Steinfurt schließlich die Absturzstelle seines Bruders Alexis und Saint-Exupérys vor der südfranzösischen Küste besuchen. Nach einer Zeit des Gedenkens auf See besuchte der Fürst aber noch einen weiteren bedeutsamen Ort auf der nahe dem Absturzort gelegenen Insel Riou. 1965 war hier im westlichen Teil der Insel bei archäologischen Grabungen des Forschers, Arztes und Archäologen George Albert das Grab eines unbekannten Mannes gefunden worden. Dieses Skelett war von kleinen Steinen bedeckt, die Arme waren über der Brust gekreuzt und das linke Bein fehlte ab dem Knie. Die sterblichen Überreste des unbekannten, ungefähr 1,77 Meter großen Mannes mittleren Alters wurden untersucht, konnten aber damals nicht eindeutig identifiziert werden. Man ging seitdem davon aus, dass es sich um einen Türken handeln musste, der 1527 bei einem Überfall auf die Insel ums Leben gekommen war.

Nachdem Luc Vanrell das Flugzeug von Saint-Exupéry unweit der Insel gefunden hatte und von dem Fund des Skeletts auf der Insel erfahren hatte, stellte sich natürlich wieder die Frage nach einem unwahrscheinlichen, aber durchaus möglichen Zusammenhang: Könnte es sich bei dem unbekannten Skelett um die Überreste Antoine de Saint-Exupérys handeln?

Doch weitere Nachforschungen waren schwierig. Was war in der Zwischenzeit mit dem Skelett geschehen? Es war vorerst verschwunden, der Entdecker Dr. Albert in der Zwischenzeit verstorben, dessen Familie in die USA ausgewandert. Luc Vanrell gelang es, dort die Tochter des Forschers zu ausfindig zu machen. Und er hatte Glück: Sie besaß nicht nur Fotos, die sie in einem Schrank in ihrer Wohnung in Kalifornien aufbewahrte. In ihrem Besitz befanden sich auch noch der Schädel sowie zwei Rückenwirbel des auf der südfranzösischen Insel entdeckten Skeletts. Luc Vanrell erhielt detaillierte Aufnahmen des Schädels. Zusammen mit dem Anthropologen Michel Signoli

wurden diese Bilder untersucht. Aber schon das erste Ergebnis des Vergleiches des Schädels mit der Kopfform Antoine de Saint-Exupérys war eindeutig und enttäuschend. Die Formen stimmten nicht überein. Es konnte sich bei dem Unbekannten nicht um den vermissten Schriftsteller handeln.

Die Fotos verrieten aber auch andere interessante Details: Der Schädel wies eine Fraktur im Bereich der Stirn auf. Zusammen mit dem fehlenden Bein war dies eine typische Verletzung, die bei Abstürzen oder Notlandungen mit Jagdflugzeugen häufig auftritt. In dem relativ engen Cockpit befindet sich vor dem Kopf des Piloten das Zielvisier und zwischen den Beinen die Bordkanone. An den Zähnen des Schädels fanden die Experten Hinweise, dass bei dem Unbekannten eine zahnärztliche Behandlung oder Korrektur vorgenommen worden war und er vermutlich in einem Alter von 20 bis 25 Jahren verstorben war. Diese typischen Verletzungen eines Piloten und vor allem eine zahnärztliche Behandlung sprachen nun aber auch gegen die Theorie der Zuordnung zu einem mittelalterlichen Türken.

Nach der Identifizierung des deutschen Motors und seiner Zuordnung zu dem Jagdflugzeug von Alexis Prinz zu Bentheim rückte nun dieser in den Fokus weiterer Vergleiche. Und tatsächlich: Nicht nur Kopfform, Körpergröße und Alter stimmten nahezu perfekt überein, Alexis hatte auch als Jugendlicher eine entsprechende Behandlung zur Zahnkorrektur erhalten. Auf Basis dieser deutlichen Indizien wurde bei den französischen Behörden eine DNA-Untersuchung beantragt. Eine DNA-Untersuchung setzt vor allem deswegen eine richterliche Genehmigung voraus, da die Methode eine zumindest teilweise Beschädigung der Gebeine voraussetzt, um an verwertbare Spuren des Erbguts zu kommen.

Zwei Jahre später war die Genehmigung erteilt und die Untersuchung abgeschlossen. In den Rückenwirbeln konnten noch verwertbare Spuren des Genmaterials gefunden und mit den

Genen des noch lebenden Bruders abgeglichen werden. 2008 erhielten die Forscher und die Familie von Bentheim den Untersuchungsbericht – das Dokument auf das sie solange fieberhaft gewartet hatten. Die genetischen Profile stimmen fast exakt überein. Die sehr geringen Abweichungen erklären sich aufgrund verschiedener Faktoren. Der Vergleich des Erbguts konnte nicht zwischen Proben des Vermissten selbst, sondern nur mit Genmaterial seines Bruders durchgeführt werden, eine hundertprozentige Übereinstimmung und somit genetische Identität war daher gar nicht möglich. Es konnte zudem nur wenig an gut erhaltenem und nutzbarem DNA-Material aus den verwitterten Knochenproben gewonnen werden. Innerhalb der letzten 70 Jahre könnten weitere kleine Mutation des Erbguts aufgetreten sein, sowohl bei den Gebeinen wie auch bei dem noch lebenden

Bruder. Der Untersuchungsbericht bestätigte somit nun auch offiziell den Verdacht der Forscher: Bei dem Skelett von der Île de Riou muss es sich wegen der DNA Spuren und den anderen Indizien tatsächlich um die Gebeine des vermissten Alexis Prinz zu Bentheim und Steinfurt handeln. Seine Gebeine wurden daraufhin aus Kalifornien und Südfrankreich nach Deutschland überführt. Der vermisste Pilot konnte nun namentlich in seiner Heimat im Kreis der Familie bestattet werden.

So erfolgreich diese Untersuchungen zur Identifizierung des deutschen Flugmotors und der detaillierten Klärung des Schicksals des Piloten waren, so wenig hatten sie neue Informationen über das Verschwinden Antoine des Saint-Exupérys liefern können. Da der an Absturzstelle gefundene Motor offenbar zur Messerschmitt 109 von Alexis Prinz zu Bentheim gehörte, konnte kein unmittel-

1965 wurde bei archäologischen Grabungen auf der Insel Riou das Grab eines Unbekannten entdeckt. 2009 konnten die Gebeine anhand einer DNA-Untersuchung dem vermissten deutschen Prinzen zugeordnet werden.

Der französische Fischer Jean-Claude Bianco mit seinem Boot vor der südfranzösischen Küste.
An dieser Stelle fischte er 2008 das Armband von Antoine de Saint-Exupéry aus dem Meer.

barer zeitlicher Zusammenhang zwischen den Schicksalen der beiden Vermissten bestehen. Denn der deutsche Motor war bereits ein halbes Jahr vor Saint-Exupérys Verschwinden nahe der Île de Riou ins Meer gestürzt. Und doch hatte dieser Motor aus anderen Gründen eine Schlüsselrolle bei den weiteren Untersuchungen über sein eigenes Schicksal.

Zeitzeugen

Technischen Unterlagen wie Konstruktionszeichnungen und Bauteil-Übersichten, militärische Dokumente wie Verlustmeldungen, Abschuss-Anerkennungen und Kriegstagebücher aus den verschiedenen Archiven sowie Fachliteratur sind die wichtigsten Quellen zur Erforschung eines Flugzeugwracks. Aber auch die Berichte von Zeitzeugen

können wichtige Hinweise liefern. Ihre Glaubwürdigkeit und die Details der enthaltenen Angaben werden häufig, manchmal auch zurecht angezweifelt. Aber auch militärische Unterlagen sind häufig nicht vollständig und enthalten fehlerhafte Angaben. Das Ziel bei den Untersuchungen ist es daher, möglichst alle Informationen aus der Wrack-Untersuchung, der technischen und historischen Recherche und den Berichten von Zeitzeugen zu erfassen und miteinander abzugleichen. Im Idealfall hat man ein gut erhaltenes Wrack mit eindeutig identifizierbarer Nummer und nach gezielter Archivrecherche eine dazu passende offizielle Verlustmeldung mit korrespondierender Abschuss- oder Absturzmeldung der gegnerischen Seite sowie detaillierte Berichte von Zeugen des Absturzes und der Geschehnisse. Doch dieser Idealfall ist selten.

Die Angaben und Aufzeichnungen der Zeitzeugen werden daher besonders dann um so wichtiger, wenn sich keine oder nur wenige aussagekräftige Unterlagen in den Archiven finden.

Schon kurz nach dem Verschwinden Saint-Exupérys am 31. Juli 1944 war intensiv spekuliert worden, ob er von einem deutschen Jagdflugzeug abgeschossen worden sein könnte. Dies konnte aber nie eindeutig geklärt werden, da sich für den fraglichen Tag in den deutschen Archiven keine entsprechende anerkannte Abschussmeldung eines deutschen Piloten findet. Weitere Dokumente der im Juli 1944 in Südfrankreich stationierten deutschen Einheiten wie ein Kriegstagebuch der Jagdflieger, die detailliert über Einsätze oder nicht bestätigte Abschüsse berichten könnten, sind durch Kriegseinwirkungen verlorengegangen. Nur wenige Tage nach dem Verschwinden Exupérys landeten am 15. August alliierte Truppen an der südfranzösischen Küste. Viele Unterlagen wurden von den deutschen Einheiten vor Ort vernichtet oder gingen bei dem schnellen und verlustreichen Rückzug verloren. Auch der Bestand an Unterlagen zu den Ereignissen am 2. Dezember 1943, dem Tag des Verschwindens von Alexis Prinz zu Bentheim, war sehr gering und lückenhaft. Aus diesem Grund tätigte Lino von Gartzen im Rahmen der Forschungen zu dem deutschen Flugmotor über 1.200 Anrufe, um ehemalige Jagdflieger, deren Angehörige oder sonstige Zeitzeugen zu finden, die weitere Details zum Schicksal des vermissten deutschen Prinzen liefern könnten. Am Telefon stellten er den Zeitzeugen sinngemäß immer dieselbe Frage:

» Wir suchen nach Informationen zu einem deutschen Flugmotor, der zwischen den Wrackteilen des Flugzeugs von Antoine de Saint-Exupéry gefunden wurde. Es handelt sich vermutlich um das Flugzeug von Alexis Prinz zu Bentheim. Erinnern Sie sich zufällig daran oder haben Sie weitere Informationen? «

Diese Suche war lange Zeit vergebens. Die meisten unmittelbaren Zeitzeugen – ehemals in Südfrankreich stationierte Jagdflieger – hatten den Krieg nicht überlebt, fast alle anderen waren in der Zwischenzeit verstorben oder konnten sich aufgrund ihres mittlerweile hohen Alters und der langen Zeit nicht mehr an Details zu einem im Krieg an sich täglichen Geschehen – jemand wird abgeschossen oder vermisst – erinnern.

Am 20. Juli 2006 rief Lino von Gartzen bei Horst Rippert an. Dieser ehemalige Jagdflieger war 1943–44 in Südfrankreich stationiert, lebte noch und hatte zudem noch sehr detaillierte Erinnerungen an diese Zeit. Diese Erinnerungen betrafen jedoch nicht den deutschen Flugmotor und Prinzen, sondern den Autor des *Kleinen Prinzen*, Antoine de Saint-Exupéry. Nachdem Lino von Gartzen am Telefon diesen Namen im Zusammenhang mit den Forschungen erwähnt hatte, wurde er von Horts Rippert mit diesen Worten unterbrochen:

» Dann brauchen Sie ja nicht weiter zu forschen. Den Exupéry, den habe ich abgeschossen. «

Doch damit begannen die eigentlichen Untersuchungen erst. War es wirklich möglich, dass die Angaben von Horst Rippert stimmten und das Rätsel um Saint-Exupérys letzten Flug somit nach über 60 Jahren intensivster Forschungen fast zufällig gelöst war? Horst Rippert war sich sicher, am 31. Juli 1944 zwischen Toulon und Marseille eine P 38 gesichtet und abgeschossen zu haben. An diesen Tag konnte er sich sehr gut erinnern: Der 31. Juli war der Geburtstag seines Bruders, des bekannten Sängers Ivan Rebroff. Als er kurze Zeit später davon erfahren hatte, dass an diesem Tag Saint-Exupéry verschwunden war, stellte er einen möglichen Zusammenhang her und führte nach dem Krieg eigene Nachforschungen durch. Doch da damals niemand wusste, wo genau die Maschine Exupérys ins Meer gestürzt war, konnte er seine Vermutung nicht belegen. Über die Jahre verdrängte Horts Rippert seinen Verdacht und damit die Schuldgefühle, für den Abschuss des von ihm verehrten Flugpioniers und Schriftstellers verantwortlich zu sein. Spätestens mit dem Abschluss seiner Memoiren, die er Ende der 1990er-Jahre fertigstellte und darin auch seinen Verdacht erwähnte, war das Thema für ihn abge-schlossen. Doch nur ein paar Jahre später wurde sein Verdacht dann zur Gewissheit: Die P 38 von Antoine de Saint-Exupéry wurde gefunden – ge-nau an der Stelle, wo er nach seiner Erinnerung ein Flugzeug dieses Typs abgeschossen hatte.

Die beteiligten Forscher und Horst Rippert verein-barten, seine Angaben vorerst vertraulich zu be-handeln. Es gab über die Jahrzehnte schon so viele verschiedene nicht belegbare Theorien und Ge-rüchte über das Verschwinden des Schriftstellers. Weder die Forscher noch Horst Rippert selbst woll-

Der deutsche Jagdflieger Horst Rippert war im Juli 1944 in Südfrankreich im Einsatz und ist sich seitdem sicher, damals die P-38 Lightning von Antoine de Saint-Exupéry abgeschossen zu haben.

ten hier eine neue, nicht belegbare Geschichte hinzufügen. Doch diese Geschichte war die bislang beste und detaillierteste Theorie. Es musste versucht werden, diese entweder durch weitere Recherchen zu prüfen, zu bestätigen oder zu widerlegen. Diese neuen Forschungen hatten gegenüber denen der anderen Forscher in den Jahrzehnten zuvor einen entscheidenden Vorteil: Das Wrack war nun gefunden und untersucht worden, auch der genaue Absturzort war bekannt. Mit diesem Wissen konnten alle bisherigen Forschungsergebnisse neu bewertet und ganz gezielt neue Recherchen durchgeführt werden. Nach zwei Jahren weiterer Recherchen stand fest: Die detaillierten Angaben von Horst Rippert zu den Geschehnissen des 31. Juli und dem Abschuss einer P 38 stimmen mit den anderen Quellen und Informationen sehr gut überein und waren glaubwürdig. Auch das Hauptargument der Kritiker einer Abschusstheorie konnte widerlegt werden. Diese beriefen sich auf die Tatsache, dass es für den 31. Juli 1944 aus dem südfranzösischen Raum keinen bestätigte Abschussanerkennung gab. Da in deutschen Archiven auch nichts über Einsätze der Jagdflieger an diesem Tag zu finden war, ging man zudem davon aus, dass keine Einsätze stattgefunden haben könnten. Ein technisches Argument war, das eine P 38 *Lightning* technisch überlegen und viel schneller war und somit nicht von einem deutschen Jagdflugzeug hätte abgeschossen werden können.

Die in Südfrankreich stationierte Jagdflieger-Einheit, bei der auch Horst Rippert im Einsatz war, hatte bereits ein gutes Dutzend Anerkennungen für Abschüsse von Maschinen des Typs P 38 *Lightning* erhalten. Nur einen Tag vor dem Verschwinden Exupérys wurde eine weitere vor der südfranzösischen Küste abgeschossen. Die fehlende Abschussanerkennung für den 31. Juli kann man, unabhängig davon, dass diese weder vollständig noch fehlerfrei sind, auch mit den Aussagen Horst Ripperts erklären. Nach seinen Angaben war er allein unterwegs und das abgeschossene Flugzeug stürzte ins Meer. Es gab also weder Zeugen noch

Die Beobachtungen von Zeitzeugen sind besonders wichtig, wenn es nur wenige oder keine Unterlagen gibt.

ein Wrack. Somit fehlten die Voraussetzungen, um einen Abschuss offiziell anerkannt zu bekommen. In deutschen Archiven finden sich tatsächlich keine militärischen Unterlagen, die über Einsätze der Jagdflieger am 31. Juli 1944 im südfranzösischen Küstengebiet berichten könnten, denn diese sind nicht mehr erhalten. Sie haben den Rückzug der deutschen Truppen und das Kriegsende nicht überstanden. In englischen Archiven wurden die Forscher dagegen fündig. Dort gefundene Dokumente der gegnerischen Luftraumüberwachung geben an, dass am Vormittag des 31. Juli 1944 dreimal deutsche Jagdflieger in Südfrankreich zum Einsatz gestartet waren.

Französische Berichte wiederum bestätigen die Existenz von zwei deutschen Jagdflugzeugen, die sich genau zur Zeit des Rückfluges von Antoine de Saint-Exupéry im selben Luftraum bewegten. Alle über die Jahre gesammelten Spuren, Indizien und Dokumente deuteten darauf hin, dass die P 38 von Antoine de Saint-Exupéry auf dem Rückflug in Richtung Korsika vor der französischen Küste gegen 11:40 Uhr von einem deutschen Jagdflieger abgefangen und abgeschossen wurde. Und bis heute spricht nichts dagegen, dass Horst Rippert damals derjenige war.

Die Besatzung einer Ju 88 des häufig über See eingesetzten Kampfgeschwaders 77 übt mit ihrem Schlauchboot eine Wasserlandung und Seenotsituation.

SÜDFRANKREICH IM FOKUS

Antoine de Saint-Exupéry ist einer der ganz wenigen über See vermissten prominenten Persönlichkeiten, dessen Schicksal heute fast vollständig aufgeklärt werden konnte. Seit der sensationellen Entdeckung des Armbands durch den Fischer Jean Claude Bianco, dem Fund der Wrackteile durch Luc Vanrell und der späteren Identifizierung der P 38 im Jahr 2003 waren in den darauffolgenden fünf Jahren Forscher aus den verschiedensten Bereichen und Ländern an den Forschungen beteiligt: Taucher, Luftfahrthistoriker, Techniker, Archäologen, Militärhistoriker, Anthropologen und Gerichtsmediziner aus Frankreich, Deutschland, England und den USA. Neben der intensiven Mitarbeit und dem offenen Austausch der verschiedenen interdisziplinären Beteiligten ist es auch einer Verkettung der glücklichen »Zufallsfunde« zu verdanken, dass das Schicksal der beiden bei der Île de Riou abgestürzten Piloten letztendlich aufgeklärt werden konnte. Die Details zu diesem umfangreichen Forschungsprojekt sind in mehreren Büchern und Dokumentarfilmen veröffentlicht worden. Über die Jahre ist so aber auch durch die intensiven Recherchen und den regen Informationsaustausch eine sehr umfangreiche Materialsammlung insbesondere zu den Geschehnissen des Zweiten Weltkriegs in Südfrankreich, den dort unter Wasser liegenden Wracks und den Flugzeugverlusten entstanden. So konnte parallel auch das Schicksal weiterer unbekannter Piloten geklärt werden, die ebenfalls an der südfranzösischen Küste abgestürzt waren.

Lorenz Bauer (* 1914; † 1943)

In diesem Fall wurde bei den gleichzeitigen Untersuchungen kein Wrack im Meer gefunden, sondern ein Grab an Land – in einem Stapel Unterlagen. Am selben Tag wie Alexis Prinz zu Bentheim kehrte auch Lorenz Bauer vom dem Einsatz über

Hauptmann Lorenz Bauer. Geborgen, beerdigt und doch vermisst.

dem Mittelmeer nicht zurück. Der Staffelführer der 1. Jagdgruppe Süd war am 2. Dezember 1943 mit einer Focke-Wulf 190 in Orange gestartet und galt seit dem Luftkampf mit dem alliierten Bomberverband als »bei Marseille« vermisst. Im Rahmen der Forschungen kam 2008 der Kontakt mit der Familie von Lorenz Bauer zustande. Die Tochter hatte ihren Vater nie kennengelernt und innerhalb der Familie ging man davon aus, dass er mit seinem Flugzeug auf dem Meeresgrund vor der Küste seine letzte Ruhestätte gefunden hätte. Sie hatten seit seinem Verschwinden und dem Überbringen der Verlustmeldung nichts mehr über das Schicksal von Lorenz Bauer erfahren und auch später nicht intensiv recherchiert oder aktiv Suchanträge gestellt. Es wurde bislang auch kein Flugzeugwrack gefunden, das man seiner Unglücksmaschine zuordnen könnte. Aber ein Grab.

Lorenz Bauer wurde nach dem Absturz geborgen und auf einem örtlichen Friedhof in Südfrankreich begraben. In den späten 1950er-Jahren wurden die in Südfrankreich gefallenen und beerdigten deutschen Soldaten in zentrale Friedhöfe der Kriegsgräberfürsorge umgebettet, so auch die Gebeine von Lorenz Bauer. Es war wohl bekannt, um wen es sich bei dieser Umbettung handelte, aber anscheinend hatte entweder eine Erkennungsmarke gefehlt oder es traten andere Probleme bei der eindeutigen Identifizierung auf. Dementsprechend wurde er auf dem Friedhof in Dagneux in einem Kameradengrab beigesetzt. Im Verzeichnis des Volksbundes steht: »Lorenz Bauer ruht auf der Kriegsgräberstätte in Dagneux (Frankreich) unter den Unbekannten.«

Unbekannt war diese Information für seine Angehörige, nicht aber für die Forscher. Sie hatten über die Jahre alle Informationen zu allen Flugzeugverlusten im Seegebiet gesammelt, Übersichten erstellt und mit anderen Quellen wie den Grablagen der Friedhöfe abgeglichen. Die Information über das Grab war für beide Seiten überraschend und bewegend. Keiner der an dem ersten Gespräch Beteiligten konnte sich vorstellen, dass dem jeweils anderen die Existenz dieses Grabes bekannt bzw. unbekannt sein könne. Nach 65 Jahren konnte die Familie im Soldatenfriedhof Dagneux unweit von Lyon endlich das Grab von Lorenz Bauer besuchen, von dem sie so lange dachten, es läge irgendwo im Mittelmeer.

Richard Wälde (* 1924; † 1944)

Am 21. Januar 1944, nur wenige Wochen nach dem Absturz von Lorenz Bauer und Alexis Prinz zu Bentheim startete ein Pilot derselben Jagdflieger-Einheit in Richtung Meer. Der junge Nachwuchs-Flugzeugführer Richard Wälde hatte seine Jagdflieger-Ausbildung hinter sich gebracht und wurde Ende 1943 nach Südfrankreich versetzt. Richard Wälde und sieben seiner Staffelkameraden starteten um 12:45 Uhr mit dem Auftrag, Geleitschutz für einen deutschen Schiffsverband zu fliegen. Mit demselben Ziel waren auch schon alliierte Flugzeuge in der Luft. Bei der Inselgruppe vor Hyéres erreichten sie fast gleichzeitig den gesuchten Schiffsverband. Die amerikanischen Jagdflieger waren zunächst im Vorteil: Aus der Höhe und aus der Sonne heraus konnten sie die deutschen Flugzeuge angreifen. Die Messerschmitt 109 von Richard Wälde wurde getroffen und stürzte nördlich der Insel Port-Cros ins Meer. Seine Staffelkameraden sahen, wie er vor dem Absturz noch mit seinem Fallschirm sein Flugzeug verlassen konnte und weit draußen im offenen Meer landete. Ein Staffelkamerad schrieb später der Familie:

Das Flugzeug von Richard Wälde liegt nahe der Ile de Bagaud in zehn Metern Tiefe.

Von dem Wrack ist nur noch ein Teil des Rumpfes und der linken Tragfläche erhalten.

» Die kurze Zeit später einsetzende Suchaktion, an der auch ich beteiligt war, verlief leider ergebnislos. Eine Rettung durch andere ist ausgeschlossen. Da der Seegang an diesem Tag sehr stark war und eine Verwundung des Wälde nicht ausgeschlossen ist, kann man mit Sicherheit annehmen, daß er den Tod in den Wellen gefunden hat. «

Richard Wälde wurde nie gefunden. Und wenn doch, gehört er vermutlich zu den vielen Unbekannten die im Laufe dieses Kriegs an die Strände gespült wurden, nicht mehr identifiziert werden konnten und an der Küste anonym bestattet worden sind. Die Überreste einer Messerschmitt Bf 109 F 4, liegen nahe der nordwestlich von Port-Cros vorgelagerten kleinen Insel Bagaud in zehn Metern Tiefe in der Nähe des Ufers.

Absturzort, Fundort und Flugzeugtyp stimmen überein. Von weiteren Abstürzen desselben Typs im selben Küstenabschnitt ist nichts bekannt.

Der vermisste Jagdflieger Richard Wälde.

Auf offener See – »Über See zuhause«

Vor der südfranzösischen Küste finden sich aber nicht nur Jagdflugzeuge auf dem Meeresgrund. Nahe der Küste hatte die deutsche Luftwaffe auch Fernaufklärer und Torpedobomber stationiert, die für den Einsatz über offener See vorgesehen oder zumindest etwas besser geeignet waren als die Jagdflugzeuge. Ihre Hauptaufgabe war es, den Schiffsverkehr im westlichen Mittelmeer zu überwachen. Wenn sie einen alliierten Schiffskonvoi ausgemacht hatten, wurde dieser oft tagelang aus der Luft beschattet und in einem günstigen Moment mit Bomben und Torpedos angegriffen. Bei den eingesetzten Flugzeugen handelte es sich meist um zumindest zweimotorige Modelle wie die He 111 und die Ju 88. Um ihre Reichweite zu erhöhen, wurde im Bombenschacht ein Zusatztank eingebaut und weitere an den Tragflächen angebracht. Beladen mit so viel Treibstoff und Torpedos, waren die Flugzeuge zum Abheben manchmal zu schwer, in diesem Fall musste mit zusätzlichen abwerfbaren Startraketen gestartet werden. So ausgerüstet, reichte das Einsatzgebiet der in Südfrankreich stationierten Torpedoflieger-Einheiten bis zur nordafrikanischen Küste. Meist waren die Besatzungen stundenlang und viele hun-

Dieses gut erhaltene Wrack einer Ju 88 liegt in einer Tiefe von 56 Metern.

derte von Kilometern über offener See unterwegs zu ihrem Ziel. Eine Verlustrate von 30 Prozent bei einem einzigen Einsatz war nicht ungewöhnlich.

» Arme Schweine, diese Torpedoflieger. Sie müssen im Tiefflug, bei gedrosselter Geschwindigkeit, bis auf 800 Meter an die Schiffe heranfliegen, bevor sie ihre Torpedos auslösen können. Bereits da sind sie in einer roten Wand von gezielten Leuchtspurgranaten. Dann gilt es für sie, aus dem Abwehrbereich herauszukurven. Ich kenne kein Rezept, diese Augenblicke höchster Gefahr ohne Treffer – ohne tödliche Treffer – zu überstehen. Wenn ich für eine Gattung von Fliegern Bewunderung empfinde, so sind es die Kameraden von der Torpedofliegerei! «

Dies schrieb der Pilot Peter Stahl, der die Torpedoflieger im September 1942 bei einem Einsatz im Nordmeer als Flugzeugführer in einem Bombergeschwader begleitet hatte. Viele Torpedoflieger wurden bei dem gefährlichen Angriff auf die meist gut gesicherten Konvois abgeschossen. Die übrigen hatten noch einen langen Rückweg vor sich. Beim Angriff beschädigte Flugzeuge hatten da wenig Chancen. Auch ein Motorausfall, Treibstoffmangel oder Navigationsfehler bedeuteten in den meisten Fällen das Ende für die Besatzungen. Manche scheiterten auf dem Rückweg mit der rettenden Küste schon vor Augen. Und so liegen zwischen Nizza und Marseille mehrere Ju-88- und He-111-Wracks auf dem Meeresgrund.

Der amerikanische Liberty-Frachter »SS Paul Hamilton« explodiert nach einem Torpedotreffer.

Die Besatzung einer Ju 88 erholt sich am Strand. Diese Aufnahme war für einen Propagandafilm gedacht, der aber nie produziert wurde.

Das Wrackpuzzle

Vier Ju-88-Wracks liegen in der Bucht von Marseille in einem Umkreis von nur fünf Seemeilen. Diese zu identifizieren, ist nicht nur aufgrund ihrer Nähe zueinander sehr schwierig. In den Verlustmeldungen zu den vielen über See vermissten Ju 88 finden sich oft gar keine oder nur sehr ungenaue Positionsangaben zum Absturzort. Eine eindeutige Identifizierung ist so aufgrund des nahezu identischen Fundorts und Flugzeugtyps sehr schwierig.

Eines dieser vier Ju 88-Wracks ist seit Jahren ein bekannter und beliebter Tauchspot geworden. Denn meistens handelt es sich bei sogenannten Flugzeugwracks mehr oder weniger um ein Trümmerfeld. Einige verbogene Teile liegen verstreut auf dem Meeresgrund. In diesem Haufen an Teilen ein Flugzeug zu erkennen, ist oft schwierig. Doch bei diesem Wrack südlich der Insel Frioul ist das anders: Bei einem Tauchgang zu diesem Wrack in 55 Metern Tiefe braucht man keine große Vorstellungskraft, um eine Ju 88 zu erkennen.

Fast komplett erhalten liegt das Flugzeug aufrecht auf dem Grund. Tragflächen und Rumpf sind noch relativ gut erhalten. Das hintere Rumpfende mit dem Leitwerk ist abgeknickt und liegt daneben. Doch zur Identifizierung wichtige Stellen dieses

Der Motor einer Ju 88 auf dem Meeresgrund in der Bucht von Marseille.

Markantes Erkennungszeichen einer Ju 88:
der Peilrahmen PRE 6.

Wracks sind nicht zugänglich, ohne dabei eine weitere Beschädigung dieses einzigartigen Flugzeugwracks in Kauf nehmen zu müssen. Die noch unbekannte Geschichte dieser Ju 88 war der Grund für das erste Treffen von Luc Vanrell mit Lino von Gartzen gewesen und war somit der Auslöser für die späteren gemeinsamen Untersuchungen zu Alexis Prinz zu Bentheim und Antoine de Saint-Exupéry.

Bei der nur optischen Untersuchung und Dokumentation des Ju 88-Wracks konnte kein eindeutiger Hinweis gefunden werden, um es sicher zu identifizieren und so eindeutig einem bestimmten vermissten Flugzeug und seiner Besatzung zuzuordnen. So ist es der noch relativ gute Erhaltungszustand der Ju 88, der sie davor schützt, ihre Geheimnisse preiszugeben. Nur bei einem, dem kleinsten der vier in der Bucht von Marseille untersuchten Wracks, lässt sich mit hundertprozentiger Sicherheit sagen, um welches Flugzeug es sich handelt. Bei diesem »kleinen« Wrack handelt es sich eigentlich nur um das Heckleitwerk einer Ju 88. Die Typenschilder aus Aluminium, die meist nahe des Cockpits und auch an anderen Stellen des Rumpfes angebracht waren, sind nach der langen Zeit im Salzwasser meist vollständig verrottet. Aber hier am Heckleitwerk, im Schacht des Heckrades, befindet sich bei diesem Flugzeugmuster eine massive Plakette aus Edelstahl mit der Werknummer des Flugzeugs. Das Leitwerk konnte anhand dieser Nummer einer Ju 88 zugeordnet wer-

Die Ju 88 3Z+BH vor ihrer Notlandung in der Bucht von Marseille (Wrack 3). Von diesem Flugzeug ist nur noch das Heckleitwerk erhalten.

SÜDFRANKREICH IM FOKUS

Eine seltene Aufnahme: Eine randvoll mit Treibstoff und Torpedos beladene Ju 88 des KG 77 mit Starthilfe.

den, die mit Torpedos ausgerüstet, am 30. Juli 1944 vor Marseille in das Meer gestürzt war und deren Besatzung gerettet wurde. Doch eine Frage konnte die Nummer auf dem Schild nicht beantworten: Wo ist der Rest des Flugzeugs? Gehört es zu einem der beiden anderen Ju 88-Wracks in der Bucht? Bei diesen sind nur die mittleren Teile des Rumpfes zwischen den Tragflächen sowie die Flügelholme erhalten. Beiden Wracks fehlt das Heckleitwerk.

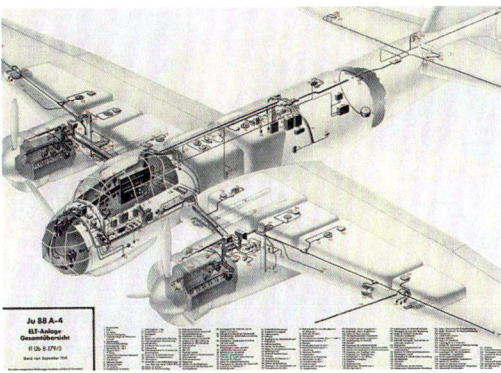

Schautafel mit der technischen Ausrüstung einer Junkers Ju 88.

In der Bucht von Marseille liegen vier Ju-88-Wracks in einem Umkreis von nur fünf Seemeilen.

Von diesem schlecht erhaltenen Wrack einer Junkers Ju 88 nahe der Insel Planier ist nur noch der zentrale Rumpfbereich erhalten. Ein Taucher fertigt eine Übersichtszeichnung der Wrackteile an.

DIE IDENTIFIZIERUNG VON FLUGZEUGWRACKS

In den Anfängen der Fliegerei waren die Flugzeuge oft Einzelstücke oder wurden in überschaubaren Stückzahlen hergestellt. Wenn man heute ein einigermaßen erhaltenes Wrack aus den Zeiten der Pioniere finden würde, könnte man es leicht anhand des Flugzeugtyps und des Fundorts identifizieren und einer vermissten Person zuordnen. Findet man dagegen ein Flugzeug aus dem Zweiten Weltkrieg, wird es ungleich schwieriger. Viele der zu dieser Zeit eingesetzten Flugzeugtypen wurden in hohen Stückzahlen in Massenproduktion hergestellt. Mit über 30.000 Exemplaren war die Messerschmitt Bf 109 das meistgebaute Jagdflugzeug, bei der Fw 190 waren es an die 20.000. Der zweimotorige deutsche Bomber Ju 88 brachte es auf 16.000. Vom amerikanischen Bomber B 17 wurden mehr als 12.000, von der B 24 mehr als 18.000 Exemplare hergestellt. Entsprechend der Produktionsrate findet sich auch eine Menge speziell dieser Flugzeugtypen im Mittelmeer. Denn nicht nur die Stückzahlen, auch die Zahl der Verluste war hoch. Oft stürzten mehrere Flugzeuge desselben Typs im selben Seegebiet ins Meer, manchmal auch am selben Tag. In den Verlustmeldungen aus den Archiven finden sich im seltensten Fall exakte Angaben zum genauen Absturzort auf See. Die genauen Zahlen, wie viele Flugzeuge in einem bestimmten Seegebiet abgestürzt waren, sind deshalb genauso unbekannt wie die genaue Zahl der Wracks, die dort heute noch liegen. Nach dem Fund eines Flugzeugwracks aus dem Zweiten Weltkrieg kommen daher meistens erst einmal mehrere vermisste Flugzeuge dieses Typs in Frage.

Doch die Massenproduktion bietet auch Vorteile und ist eine Hilfe bei der Identifizierung, denn die Konstruktion und Fertigung wurde gut dokumentiert. Nicht nur jedes Bauteil erhielt eine Nummer, auch das Flugzeug selbst. Das primäre Ziel jeder Flugzeugwrack-Untersuchung ist es daher, diese eindeutige Nummer zu ermitteln. Mit dieser Nummer und den Unterlagen aus Archiven lässt sich in den meisten Fällen ein Wrack eindeutig einem vermissten Flugzeug und somit dem Schicksal seiner Besatzung zuordnen. Diese Nummer findet sich je nach Flugzeugtyp an verschiedenen Stellen. Sie wurde meistens auf Typenschildern eingeschlagen, die am Rumpf angebracht waren. Doch diese Schilder sind in der Zwischenzeit meist komplett korrodiert oder vollständig verschwunden. Die manchmal an tragenden oder Rumpf-Teilen eingeschlagenen Nummern sind unter Wasser oft nicht zugänglich, gar nicht vorhanden oder schwer zu identifizieren. Denn das, was man Flugzeugwrack nennt, ist fast immer nur noch ein Trümmerfeld. Viele Teile sind im Sediment oder sonstwohin verschwunden. Manchmal besteht ein Wrack auch nur noch aus einem Teil wie einem Rumpfsegment oder einem Motor. Auf-

Auf dieser Plakette im Fahrwerkschacht einer Ju 88 findet sich die Werknummer.

Von den meisten Flugzeugwracks auf dem Meeresgrund ist heute nur noch wenig erhalten geblieben. In vielen Fällen ist es deshalb sehr aufwendig oder gar nicht mehr möglich, diese Wracks eindeutig zu identifizieren.

grund des schlechten Erhaltungszustands, der Korrosion und der oft geringen Menge an verbleibenden Teilen vieler Flugzeugwracks ist es daher unter Wasser sehr schwierig oder unmöglich, diese eindeutige Nummer zu ermitteln. Aber nicht nur die Nummer des Flugzeugs, auch die Nummern auf verschiedenen Bauteilen, der Waffen, der Motoren und der Munition können helfen, den Flugzeugtyp, seine genaue Ausführung und den möglichen Absturzzeitraum näher einzugrenzen.

Manche Bauteile waren nur in bestimmten Modellen eines Flugzeugtyps und erst ab einem bestimmten Zeitpunkt eingebaut. Ein 1944 produziertes Bauteil einer Messerschmitt Bf 109 G 6 konnte nicht 1942 mit einer Messerschmitt Bf 109 F 4 ins Meer gestürzt sein. So kann man viele verschiedene und wichtige Anhaltspunkte ermitteln und manchmal auch das Flugzeug mehr oder weniger eindeutig identifizieren. Doch diese Methode ist aufwendig, denn sie setzt in den meisten Fällen eine Bergung der zu untersuchenden Teile voraus. Damit verbunden ist eine Genehmigung, die je nach See- und damit Zuständigkeitsbereich oft sehr schwierig oder gar nicht zu erhalten ist. Aber Nummern sind nicht alles: Oft reichen gut gemachte Detailfotos der verschiedenen Wrackteile aus, um spezifische Besonderheiten zu finden.

Mit den Worten »Wrackforschung« oder »Unterwasserarchäologie« assoziiert man Begriffe wie Unterwasser-Abenteuer, Sonne und Meer. Tatsächlich findet oft nur ein sehr geringer zeitlicher Anteil der Untersuchungen unter Wasser oder auf See statt – und dann auch nicht immer an einem sonnigen, ruhigen, warmen Meer. Der größte und langwierigste Teil der Forschung kommt nach dem Tauchen: das Auswerten der Fotos und Filme, gegebenenfalls die Erfassung, Untersuchung und Auswertung der Funde, das Beschaffen und Auswerten von Archivmaterial, weitere Recherchen und schließlich die Auswertung aller Informationen. Es gibt manchmal »einfache Fälle«, die man schnell und einfach identifizieren kann. Oft dauern die Untersuchungen aber Jahre. Das liegt zumindest für deutsche Flugzeugwracks unter anderem auch an der unvollständigen Dokumentenlage. Die meisten Unterlagen der deutschen Luftwaffe sind durch Kriegseinwirkungen verlorengegangen, wiederum ein großer Teil wurde kurz vor Kriegsende durch die Luftwaffe selbst vernichtet oder von den Alliierten beschlagnahmt und später nur teilweise zurückgegeben. Das wenige, was den Forschern heute zur Verfügung steht, befindet sich im Militärarchiv in Freiburg und die personenbe-

DIE IDENTIFIZIERUNG VON FLUGZEUGWRACKS

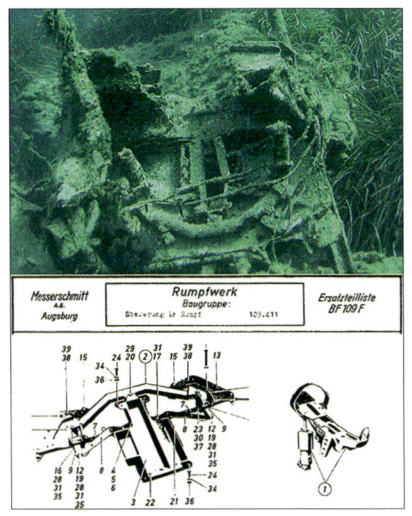

Anhand von Detailfotos können die Wrackteile mit technischen Unterlagen abgeglichen werden.

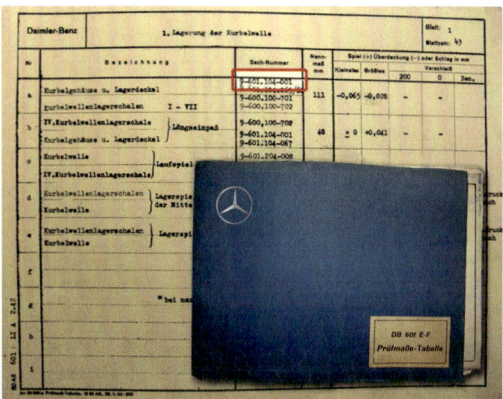

Mit Bauteilnummern kann man nicht nur den genauen Flugzeugtyp bestimmen, sondern manchmal auch den Absturzzeitraum eingrenzen.

zogenen Akten bei der Wehrmachtsauskunftsstelle in Berlin. In englischen oder amerikanischen Archiven sieht es deutlich besser aus. Fast alle relevanten Unterlagen sind erhalten geblieben und zugänglich, manche Bestände auch online verfügbar. Neben den offiziellen militärischen und historischen Unterlagen aus den staatlichen Archiven stellen auch technische Unterlagen aus Unternehmensarchiven, Zeitzeugenberichte und Fachliteratur eine wichtige Quelle dar. Über die Jahre trägt man so Informationen aus den verschiedensten Bereichen und Quellen, oft im Austausch mit anderen Forschern, zusammen: Dokumentation des Wracks und die Auswertung der Untersuchung, Verlustmeldung, Absturzbericht, Abschussbericht, Zeitzeugenberichte möglichst vieler Beteiligter, Gefechtsberichte, Hintergrund zum regionalen Kriegsgeschehen, Such- oder Bergungsaktionen, Grablagen und natürlich historische Fotos des Flugzeugs und seiner Besatzungsmitglieder. Am Ende entsteht so im Idealfall ein detailliertes Bild aus verschiedenen Perspektiven zur Geschichte des Flugzeugs, dem letzten Flug und dem Schicksal der Besatzungen.

In einer Bucht der griechischen Insel Iraklia liegt das eher unscheinbare Wrack einer Arado 196. Den wahren Wert dieses Flugzeugwracks macht die bewegte Geschichte seiner Besatzung aus.

BESATZUNG GERETTET,
BESATZUNG VERMISST

Das Wrack einer Arado 196 in einer Bucht der griechischen Insel Iraklia erinnert an eine besondere Geschichte des Verschwindens und die Wirrungen des Kriegsgeschehens. Wie so oft ist der Fund des Wracks der Fischerei zu verdanken. 1982 fischte das Boot »Robinson« mit Grundnetzen zwischen Ios und Naxos. Der Beifang dieses Tages war der Rumpf einer Arado 196. Das so aus einer Tiefe von 91 Metern geborgene Wrackteil wurde in der Bucht der nahe gelegenen kleinen Insel Heraklea vom Netz befreit und in einer Tiefe von elf Metern abgelegt, damit es die Fischerei nicht weiter stören würde. Die Geschichte des Flugzeugs wurde in den folgenden Jahrzehnten nicht weiter erforscht. Das änderte sich erst, als Manolis Bardanis, Betreiber einer Tauchbasis in Naxos, begann, sich für die Geschichte des Flugzeugs und seiner Besatzung zu interessieren. Zusammen mit anderen griechischen Tauchern und Forschern konnte er in den deutschen Verlustlisten einen Verlust ermitteln, der anhand des Flugzeugtyps und dem Fundort der Arado sehr gut übereinstimmt:

» 17.09.1943, Seeaufklärungsgruppe 126, Nordostwärts Insel Ios, Luftkampf (Besatzung von UJäger gerettet, feindbeobachtet), AR 196, WNr.: 185, Verlust 100 % «.

Dementsprechend handelt es sich bei dem Wrack in der Bucht mit größter Wahrscheinlichkeit um dieses vermisste Flugzeug. Die Besatzung soll durch ein Schiff der Marine gerettet worden sein, ihre Namen waren nicht vermerkt. Im Rahmen der weiteren Recherchen zur Identität des Flugzeugs wurde der Kreis der beteiligten Forscher ausgeweitet. Durch diese Zusammenarbeit und mit viel Glück wurde zu diesem Wrack eine seltene Fülle an interessanten historischen Dokumenten, Zeitzeugenberichten und vor allem Fotos

Die Arado 196 war ein See-Mehrzweckflugzeug der deutschen Luftwaffe und in allen Kriegsgebieten im Einsatz.

Geleitschutz aus der Luft: Eine Ar 196 begleitet einen Frachter.

gefunden. Diese zeigen nicht nur die Ereignisse dieses Tages aus verschiedenen Perspektiven. Ein besonderes Foto, das wie durch ein Wunder den Krieg überstanden hat, zeigt die Arado kurz vor ihrem Untergang.

1990 wurde die Luftschraube der Arado aus einer Tiefe von 91 Metern geborgen.

Ihr Zustand beweist: Die Arado war nicht unkontrolliert abgestürzt, sondern notgewassert.

Auch eine Frage, die die Identität der vermeintlich Geretteten, in Wirklichkeit aber gleich mehrfach vermissten Besatzung betraf, konnte so beantwortet werden: In dem Verlusteintrag zur Arado wurde nachträglich handschriftlich ergänzt, dass die Besatzung als vermisst gilt. Im Abschnitt Berichtigungen vom 24. September 1943 findet sich die Anweisung zur dieser Änderung:

» Füge hinzu > Uffz. Schaar, Fritz (F), Uffz. Schneider, Herbert (Bf). Setze: 2 Vermißte. «

Was war mit der Besatzung passiert, die doch eigentlich von einem Schiff gerettet wurde? Das Wrack dieses Schiffs wurde am 27. Oktober 1943 geortet. Einen Monat nach dem Absturz der Arado hatten deutsche Truppen bei der Besetzung der etwa 100 Kilometer südöstlich gelegenen griechi-

Eine Arado Ar 196 der Seeaufklärungsgruppe 126 wird gewartet. Aufgabe dieser in Griechenland stationierten Gruppe war die Aufklärung über dem östlichen Mittelmeer und der Schutz der Schiffskonvois.

BESATZUNG GERETTET, BESATZUNG VERMISST

Die Entdeckung des Arado-Wracks war ein glücklicher Zufall. 1982 hatte das griechische Fischerboot »Robinson« das Flugzeug in seinem Netz.

schen Insel Stampalia den verlassenen UJäger 2104 nahe der Küste auf Grund liegend vorgefunden. Retter und Gerettete waren verschwunden. Deren Geschichte könnte ein Buch füllen.

Fritz Schaar und sein Bordfunker Herbert Schneider starteten am 17. Oktober 1944 im Süden Griechenlands zusammen mit einer weiteren Arado 196 zu einem Einsatz. Ihr Auftrag war der Schutz eines kleinen Schiffsverbands, bestehend aus dem U-Boot-Jäger UJ 2104 und den Frachtern Pluto und Paula, bei seiner Fahrt von Piräus nach Rhodos. Nachdem der Geleitzug ungefähr die Hälfte der Strecke zwischen Athen und Rhodos zurückgelegt hatte, wurde er um 14:30 Uhr nahe der Insel Naxos zuerst von drei Tieffliegern und dann von sieben Beaufightern angegriffen. UJ 2104 wurde mehrfach getroffen. Der Kommandant und der 1. Wachoffizier wurden dabei schwer verletzt und verloren das Bewusstsein. Auch eine der begleitenden Arados,

die Maschine von Fritz Schaar, wurde getroffen und musste wegen Motorschadens notwassern. Die Besatzung wurde vom UJ 2104 aufgenommen und das noch schwimmende Flugzeug erst einmal in Schlepp genommen. Doch die Schwimmer des Flugzeugs hatten Treffer abbekommen und liefen voll. Um 16:09 Uhr wurde das Flugzeug aufgegeben. Das Schleppseil wurde gekappt und die Arado versank im Mittelmeer. Der Verband setzte seinen Weg Richtung Rhodos fort. Doch er sollte nicht weit kommen: Noch am Abend desselben Tages, um 22:30 Uhr wurde der Schiffsverband erneut angegriffen. Diesmal nicht von Flugzeugen, sondern von Kriegsschiffen, nämlich drei britischen Zerstörern. Die Lage des kleinen deutschen Schiffsverbands war aussichtslos. Kurz nachdem die britischen Zerstörer das Feuer eröffnet hatten, sanken die beiden Frachter Paula und Pluto. Auch UJ 2104 war schwer angeschlagen. Es gab Tote und Verwun-

U-Boot-Jäger UJ 2104 Anfang 1942 in einer Bucht der griechischen Insel Poros.

Der deutsche Schiffsverband wird bei Naxos von den englischen Beaufightern angegriffen.

dete, das Schiff drohte zu sinken. Ein Teil der Besatzung versuchte sich durch einen Sprung in das Mittelmeer zu retten.

Im Meer schwimmend beobachteten sie den Untergang der beiden Frachter. Von ihrem UJ 2104 war nichts mehr zu sehen. Zu Ihrem Glück waren in der Ferne die Umrisse der Insel Stampalia zu erkennen und am frühen Morgen, nach bis zu sieben Stunden im Wasser, erreichten einige der Schiffbrüchigen des versenkten Geleitzugs schwimmend das Ufer an der Nordseite der griechischen Insel. Stampalia war zu diesem Zeitpunkt ausschließlich von italienischen Truppen besetzt. Wie werden sich die Italiener gegenüber ihren

ehemaligen Verbündeten verhalten? Nur kurz zuvor war der Waffenstillstand zwischen Italien und den Alliierten ausgehandelt und am 8. September 1943 veröffentlicht worden. Am 13. Oktober 1943 erklärte Italien dann dem Deutschen Reich den Krieg.

Die jeweils direkten Auswirkungen dieser Entwicklung in der Zeit dazwischen waren besonders in der Ägäis schwer einzuschätzen, denn viele der griechischen Inseln waren zu dieser Zeit von italienischen Truppen besetzt. Welche davon würden bald unter deutscher, welche unter alliierter Kontrolle stehen? Diese angespannte Situation sorgte für eine weitere Eskalation der Ereignisse,

Die Ar 196, D1+EH,von Fritz Schaar kurz vor dem Untergang am 17. September 1943. Den Film mit dieser sensationellen Aufnahme hat ein Offizier von UJ2104 in einer Rasierseife durch die Jahre der Gefangenschaft geschmuggelt.

die beinahe zu einer weiteren, dritten Versenkung der Arado-Besatzung innerhalb von 24 Stunden geführt hätte. Die mittlerweile Schiffbrüchigen, die sich schwimmend an die Küste der Insel retten konnten, wurden von den italienischen Soldaten vorerst freundlich behandelt und mit Zigaretten versorgt.

Als sie am späten Nachmittag von zwei motorisierten Segelbooten abgeholt wurden, um zur Maltezana-Bucht auf der Südostseite der Insel gebracht zu werden, hatte sich die Lage zugespitzt. In der Maltezana-Bucht war in den frühen Morgenstunden der schwer beschädigte UJäger eingelaufen. Dem an Bord verbliebenen Teil der Besatzung war es in der Nacht gelungen, den Zerstörern zu entkommen und mit dem schwer beschädigten Schiff die Insel zu erreichen. Geheime Unterlagen wurden vernichtet und das Schiff zur Sprengung vorbereitet. Der kommandierende Offizier verhandelte seitdem mit dem Inselkommandanten über das weitere Schicksal der Schiffbrüchigen.

Nur bruchstückhaft über die Geschehnisse informiert, werteten dessen italienischen Vorgesetzte und die auf Leros stationierten Engländer diese »Landung« deutscher Soldaten als möglichen Versuch, die Insel zu besetzen und schickten zwei Schnellboote nach Stampalia. Die deutsche Luftwaffe war gleichzeitig mit Flugzeugen im Einsatz. Ju 88 versenkten die beiden Schnellboote und bekämpften italienische Flakstellungen auf der Insel. Mehrfach überflogen die Ju 88 im Anflug auf ihre Ziele auch die beiden unter italienischer Flagge fahrenden Motorsegler mit den Überlebenden in geringer Flughöhe. Mit Hemden und Mützen winkten diese den deutschen Flugzeugen zu, um auf sich aufmerksam zu machen. Diese Winkzeichen wurden anscheinend verstanden und nur viel Glück bewahrte sie davor, schon wieder versenkt zu werden. Viele der 60 bis 70 Überlebenden des Konvois hatten noch große Hoffnung, in den nächsten Tagen von deutschen Einheiten abgeholt oder an diese übergeben zu werden. Doch

Griechische Taucher untersuchen
das Wrack der Arado 196.

diese Hoffnungen schwanden, als sie Ihre Unter-
kunft von schwerbewaffneten italienischen Soldaten
ten umstellt sahen. Vier Tage später wurden sie
dann tatsächlich von einem englischen Lan-

dungskommando abgeholt und nach Leros gebracht. Von dort brachte sie der Zerstörer
HMS Faulkner, dasselbe Schiff, das wenige Tage
zuvor ihren Geleitzug bei Stampalia vernichtet

BESATZUNG GERETTET, BESATZUNG VERMISST

hatte, weiter nach Ägypten in ein Kriegsgefange-
nenlager. Einen Monat später wurden die Inseln
Stampalia und kurz darauf auch Leros von den
deutschen Einheiten erobert. Fritz Schaar, der
vermisste Pilot der Arado 196, kehrte im Frühjahr 1948 nach fast viereinhalb Jahren britischer
Kriegsgefangenschaft aus Ägypten nach Deutschland zurück.

Ein deutsches Flugzeug ist bei Narvik in den kalten Nordatlantik gestürzt und beginnt zu sinken.
Die Besatzung wird von einem Boot gerettet.

RETTUNG

Aufgrund der steigenden Zahl von Flugzeug-abstürzen über See und damit dem nur schwer zu ersetzenden Verlust von vielen zum Teil sehr erfahrenen Besatzungen hatte die deutsche Luftwaffe zu ihrer Rettung an den Küstenbereichen von Norwegen bis nach Nordafrika einen Seenotdienst eingerichtet. Ausgerüstet waren diese Einheiten der Luftwaffe mit schnellen Booten, Wasserflugzeugen und Flugbooten. Vor allem bei größeren Einsätzen der Luftwaffe über dem Meer warteten sie in Bereitschaft, ob es Meldungen über in See gestürzte Flugzeuge gibt. Aber auch die Retter mussten manchmal gerettet werden. Nicht nur technisches Versagen, hohe See und die oft schwierigen Wetterbedingungen waren Ursachen dafür. Bei ihren Einsätzen wussten sie nie, was passieren würde, wenn sie auf gegnerische Flugzeuge treffen. Sie wurden entweder als Seenotretter bei der Suche und Bergung unterstützt, bei einem anderen Einsatz aber als gegnerisches Flugzeug behandelt und abgeschossen.

Spektakuläre Rettung in der Adria im Ersten Weltkrieg. Die Besatzung eines notgelandeten österreichischen Flugzeuges wird von einem anderen Flugzeug aufgenommen.

Die Dornier Do 24 war das beste Flugzeug ihrer Zeit für den Einsatz im Seenotdienst. Dieses Flugboot konnte auch bei hohem Seegang landen und starten.

Trotz der widrigen Umstände konnten mehr als 10.000 Soldaten (Freund und Feind) während des gesamten Kriegsverlaufes durch den deutschen Seenotdienst aus den Meeren gerettet werden. Bei allen Kriegsparteien wurden aber auch die anderen primären Rettungsmittel wie Schwimmwesten und Schlauchboote laufend weiterentwickelt und vor allem bei Einsätzen über dem Meer auch immer häufiger mitgeführt. In England gründete

sich so auf Initiative des Gummiherstellers P.B. Cow der Goldfish Club. Dieses Unternehmen entwickelte und fertigte Rettungsmittel für die Royal Air Force. Die Voraussetzung, um in den »exklusiven« Klub aufgenommen zu werden: Man musste als Flieger in Seenot geraten sein und sich mit einer Schwimmweste, einem Dingi oder einem anderen Hilfsmitteln gerettet haben. Das

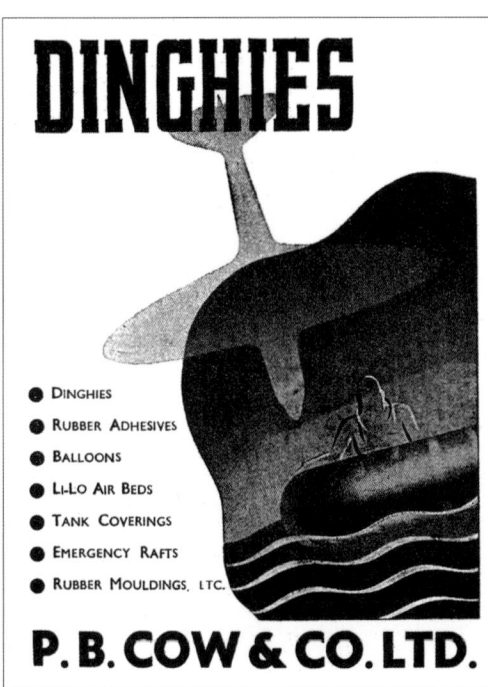

Anzeige des englischen Herstellers P.B. Cow.

Die »Rettungsboje« war eine deutsche Entwicklung.

Ein deutscher Pilot, der im Kanal notlanden musste, wird von der Besatzung einer Heinkel He 59 aus dem Meer geborgen.

Unternehmen wollte durch die Gründung des bis heute bestehenden Vereins den Austausch zwischen den Geretteten ermöglichen und ihre praktischen Erfahrungen in die Verbesserung ihrer Produkte einbringen. Eine deutsche Entwicklung auf diesem Gebiet waren die sogenannten »Udet-Bojen«. Diese großen Rettungsbojen wurden auf offener See verankert und enthielten alles, was eine abgestürzte Flugzeugbesatzung benötigte: vier Kojen, trockene Kleidung, Trinkwasser, Verpflegung, aber auch Signalpistolen und ein Notsender.

Ein Flugsicherungsboot des deutschen Seenotdienstes an der südfranzösischen Küste.

Missing in Action – In New Heaven, Connecticut erinnert ein Denkmal an den berühmten amerikanischen Bandleader und Komponisten Glenn Miller.

VON KÜSTE ZU KÜSTE

Um die Truppen an den verschiedenen Kriegs-schauplätzen mit dem benötigten Nachschub versorgen zu können, wurde eine gigantische Logistik benötigt. Auch die Luftwaffe war hier immer mehr gefordert. Soldaten, Waffen, Munition, Treibstoff und Verpflegung mussten über die Meere geflogen werden. Die großen, langsamen und meist schlecht bewaffneten Flugzeuge hatten dabei sehr hohe Verluste, sie waren ohne Begleitschutz den feindlichen Jagdfliegern nahezu schutzlos ausgeliefert.

Die größte Transportmaschine war die Messerschmitt Me 323 mit dem treffenden Namen »Gigant«. Fast 200 Exemplare der Gigant wurden bis Anfang 1943 gebaut, aber keines hatte den Krieg überlebt. Auch von einem Wrack im Mittelmeer war nichts bekannt. Bis zum 28. Mai 2012: Viele Wolken waren am Himmel über der Südspitze Sardiniens und es herrschte noch mittlerer Seegang. Christina Freghieri und Aldo Ferruci beschlossen, dennoch hinauszufahren um erneut nach dem Wrack einer bestimmten Me 323 zu suchen, die nahe der Insel Caprera abgestürzt sein soll. Doch auch dieser Tauchgang war wieder ohne Erfolg. Im Laufe des Tages besserte sich das Wetter, das Meer beruhigte sich und die Sonne kam heraus. Nördlich der Insel Caprera trafen sie den sardischen Fischer Mario Vitiello mit seinem Boot. Er hatte vor längerer Zeit einmal in der Nähe eine Motorplakette in seinen Netzen gehabt und war sich sicher, dass an dieser Stelle auch das Wrack eines Flugzeugs auf dem Meeresgrund liegen müsste.

Die beiden erfahrenen Wrackforscher tauchten diesmal an der von dem Fischer genannten Stelle ab und begannen am Meeresgrund in 65 Metern Tiefe mit der Suche nach dem Flugzeugwrack. Was die beiden Taucher dort fanden, ist eine Sensation: das Wrack der gesuchten Me 323. Es war nicht nur das bislang einzig be-

Einer der ersten Versorgungsflüge eines Giganten für die deutschen Truppen in Afrika.

Diese Beaufighter war an dem Angriff auf die Giganten am 26. Juli 1943 beteiligt.

Aufnahme einer Me 323, die am 30. Juli 1944 bei Korsika von einer B-26 Marauder angegriffen wurde.

Friedrich Etzel war einer der wenigen Überlebenden der Besatzung.

Einer der insgesamt sechs Gnome-Rhone-Motoren des Giganten auf dem Meeresgrund.

Bei diesem Bild einer Me 323 mit der Flugzeugkennung »D« könnte es sich um den bei Sardinien versunkenen Giganten handeln.

kannte Wrack, es befindet sich auch in einem noch relativ guten Zustand. Die Geschichte dieses Flugzeugs und das Schicksal seiner Besatzung wurden erforscht.

Am 26. Juli starteten um 9:30 Uhr zwei Messerschmitt Me 323 des 5. Transportgeschwaders von Grosseto aus zu einem Transportflug nach Venafiorita auf Sardinien. Um 11:00 Uhr landeten sie

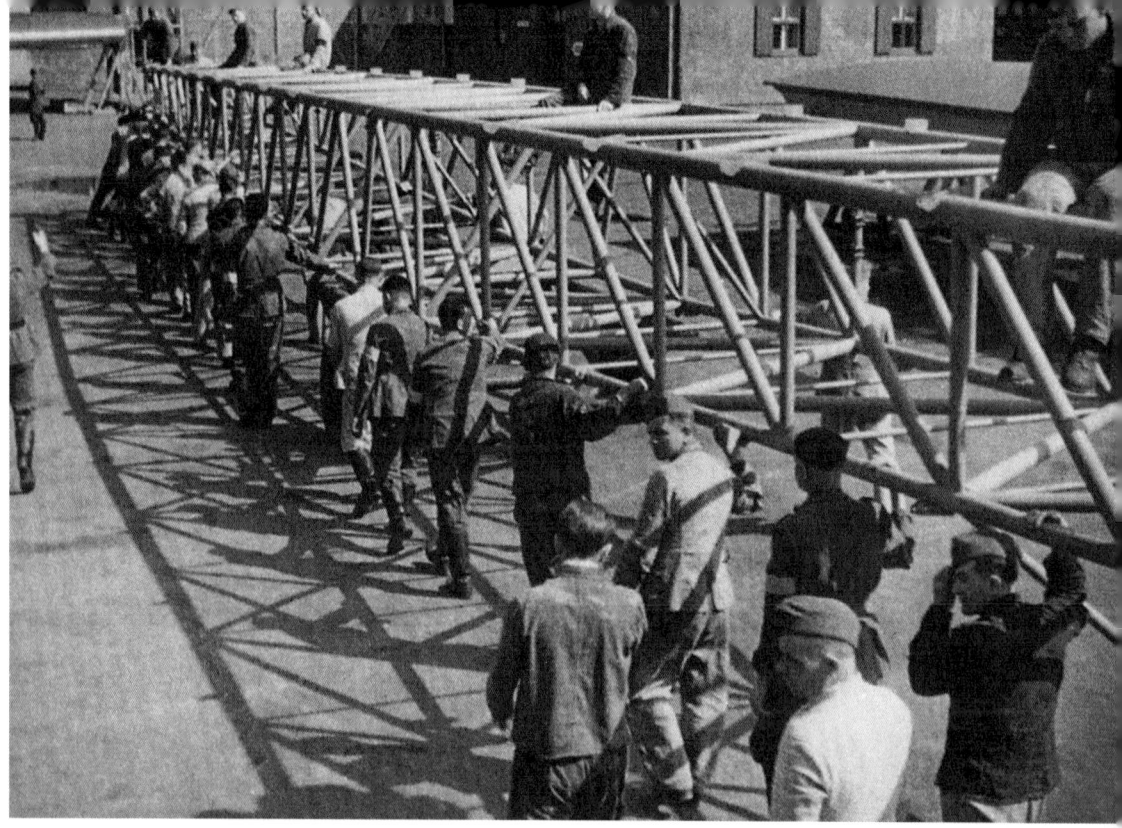

Diese Aufnahme von der Montage einer Me 323 in Leipheim vermittelt anschaulich die »gigantische« Größe dieses deutschen Transportflugzeuges.

mit ihrer Ladung auf dem Flugplatz Venafiorita. Was die beiden Transportmaschinen an diesem Tag an Material nach Sardinien transportiert haben, geht aus den Unterlagen nicht hervor. Über die »Fracht« für den geplanten Rückflug ans Festland berichtet ein Dokument des Transportoffiziers von Venafiorita: Neben der Angabe von 1.200 kg Feldpost findet sich eine lange Liste mit 71 Namen deutscher und italienischer Soldaten. Nur wenige dieser Passagiere auf der Liste und der Besatzungsmitglieder der beiden Giganten sollten die folgenden 30 Minuten überleben.

Denn kurz nachdem sie zum Rückflug gestartet waren und die Küste hinter sich gelassen hatten, wurden sie über dem Meer von englischen Beaufightern angegriffen. Die beiden Giganten drehten ab, um wieder Sardinien zu erreichen. Aber es war bereits zu spät: Beide Flugzeuge waren bereits getroffen und versuchten nun notzulanden. Der eine Gigant erreichte noch die Insel Maddalena, brann-

te aber nach der missglückten Notlandung komplett aus, der andere Gigant versank nördlich der Insel Caprera im Meer. An Bord dieses Giganten befanden sich 33 Personen, von denen zehn überlebten. Alle anderen sind ertrunken oder mit dem Flugzeug untergegangen. Sieben Tote konnten später aus dem Meer geborgen und beerdigt werden.

Aber 16 Soldaten werden noch immer vermisst. Aus diesem Grund benötigt man nun eine Genehmigung der italienischen Behörden, um zu diesem Wrack und Kriegsgrab tauchen zu dürfen. Die zuvor entstandene Dokumentation des Wracks und die spätere Auswertung der Fotos könnte eine offene Frage klären, die anhand der Dokumente über den Abschuss und der Werknummer des Flugzeugs allein nicht eindeutig zu beantworten war: Um welchen Typ eines Giganten handelt es sich bei diesem letzten erhaltenen Exemplar seiner Art?

Leslie Howard (* 1893; † 1943)

Zur Kriegsführung wurden aber nicht nur Material und Soldaten benötigt, zur Unterhaltung der Truppe und zur Stärkung der Kampfmoral wurden auch Stars wie Schauspieler und Musiker eingeflogen. Einer der bekanntesten Schauspieler seiner Zeit war der 1893 in London geborene Leslie Howard. Er war Soldat im Ersten Weltkrieg. In den 1920er-Jahren war er nach Amerika ausgewandert und hatte dort Karriere als Schauspieler und Produzent gemacht. Weltberühmt wurde er in der Rolle des Ashley Wilkes in dem bekannten und mit vielen Oscars ausgezeichneten Film »Vom Winde verweht«.

Vivien Leigh und Leslie Howard in »Vom Winde verweht«.

Das Flugzeug von Leslie Howard wurde über der Biskaya von deutschen Fernkampfjägern abgeschossen.

Als der Zweite Krieg ausbrach, kehrte Leslie Howard nach England zurück und war hier an der Produktion von Kriegs- und Propagandafilmen beteiligt. Am 1. Juni 1943 bestieg Howard in Lissabon im neutralen Portugal eine zivile Douglas DC 3 der KLM, um nach England zurückzufliegen. Der Flug zu seinem Ziel Bristol war auch für zivile Maschinen nicht ungefährlich. Denn die Flugroute führte über die Biskaya. Dieses strategisch wichtige Seegebiet wurde von der deutschen Luftwaffe besonders intensiv kontrolliert. Dort, 300 Kilometer nördlich der spanischen Küste. wurde die in Tarnfarben lackierte DC 3 von deutschen Fernjägern gesichtet und abgeschossen. Der Atlantik ist hier etwa 5.000 Meter tief, das Flugzeug versank. Die Passagiere und die Besatzung kamen bei dem Absturz ums Leben, unter den 17 Vermissten war auch Leslie Howard. Es gibt seitdem eine Vielzahl an Theorien, um die Frage zu beantworten, ob die

DC 3 damals von der deutschen Luftwaffe gezielt abgefangen und abgeschossen wurde. Die einen betreffen Howard selbst: War er wegen seiner wichtigen Rolle in der englischen Propaganda oder als vermeintlicher Geheimnisträger und Geheimagent gezielt ausgeschaltet worden? Die anderen Gerüchte besagen, dass der deutsche Geheimdienst davon ausging, Churchill selbst könnte in der Maschine sitzen. Diese Fragen um die Hintergründe werden wohl nie eindeutig beantwortet werden können. Man geht aber heute davon aus, dass die DC 3 nicht gezielt abgeschossen wurde, sondern zufällig entdeckt und dann mit einer militärischen Version der DC 3 verwechselt wurde.

Glenn Miller (* 1904; † 1944)

Auch um das Verschwinden Glenn Millers ranken sich viele Legenden. Der erfolgreiche amerikanische Musiker hatte sich freiwillig zur US-Luftwaffe gemeldet und wurde der Leiter der bekannten Army Air Force Band. Am 15. Dezember 1944 verschwand das Flugzeug mit dem berühmten Musiker auf einem Flug von London nach Paris spurlos über dem Ärmelkanal. Die Band sollte in der französischen Hauptstadt ein Konzert geben. Doch das kleine Flugzeug mit Glenn Miller an Bord, eine Norseman, kam nie in Frankreich an. Seitdem sind wie bei allen Prominenten verschiedene Theorien zu den Ursachen entwickelt worden. Die wahr-

Glenn Miller während seiner Zeit bei der U.S. Army als Leiter der Air Force Band.

Eine einmotorige Norseman UC-46A der U.S. Air Force. Mit einem Flugzeug diesen Typs verschwand der berühmte Musiker Glenn Miller über dem Ärmelkanal.

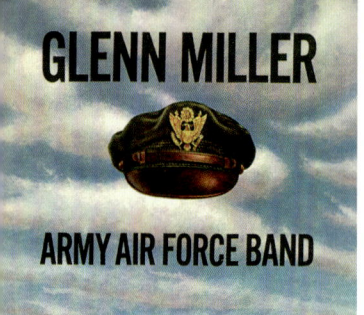

GLENN MILLER

ARMY AIR FORCE BAND

Plattencover der Glenn Miller Army Air Force Band.

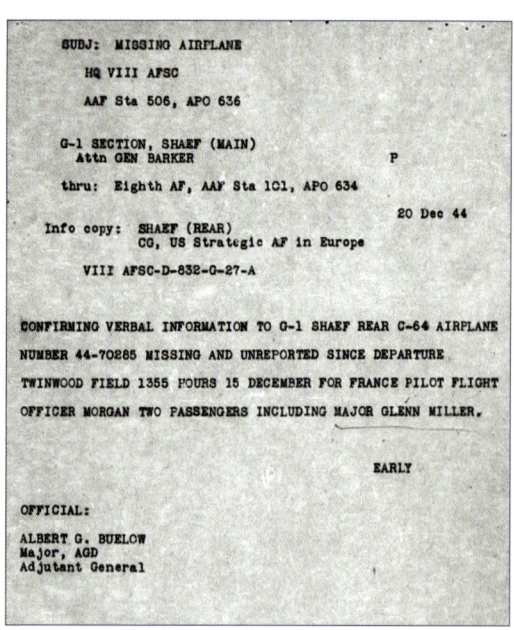

```
SUBJ:  MISSING AIRPLANE
   HQ VIII AFSC
   AAF Sta 506, APO 636

G-1 SECTION, SHAEF (MAIN)
   Attn GEN BARKER                              P

   thru:  Eighth AF, AAF Sta 101, APO 634

                                          20 Dec 44
Info copy:  SHAEF (REAR)
            CG, US Strategic AF in Europe

   VIII AFSC-D-832-G-27-A

CONFIRMING VERBAL INFORMATION TO G-1 SHAEF REAR C-64 AIRPLANE
NUMBER 44-70285 MISSING AND UNREPORTED SINCE DEPARTURE
TWINWOOD FIELD 1355 HOURS 15 DECEMBER FOR FRANCE PILOT FLIGHT
OFFICER MORGAN TWO PASSENGERS INCLUDING MAJOR GLENN MILLER.

                                          EARLY

OFFICIAL:

ALBERT G. BUELOW
Major, AGD
Adjutant General
```

scheinlichste davon ist, dass seine kleine Maschine zur falschen Zeit am falschen Ort war. Ein großer, englischer Bomberverband befand sich zur gleichen Zeit über dem Ärmelkanal auf dem Rückflug in Richtung England. Ihr Angriff auf eine deutsche Stadt war wegen des schlechten Wetters abgebrochen worden, eine Landung in England mit noch allen Bomben an Bord gefährlich. Diese wurden deshalb wie üblich noch vorher über dem Meer abgeworfen. Eine dieser Bomben könnte die deutlich tiefer fliegende Norseman getroffen haben. Weder das Flugzeugwrack noch seine Besatzung wurden jemals gefunden.

Die Meldung über den Verlust der Norseman C-46 mit dem berühmten Passagier Glenn Miller an Bord.

Wo genau und auch warum die Maschine von Glenn Miller über dem Ärmelkanal abstürzte, ist bis heute nicht eindeutig geklärt.

VON KÜSTE ZU KÜSTE

Die Army Air Force Band gab 1944 in England viele Konzerte zur Motivation der alliierten Soldaten. Die Radiosendungen, manche in deutscher Sprache, sollten die Gegner demoralisieren.

General Doolittle über die Army Air Force Band: »Next to letters from home, that organization was the greatest morale builder we had in the European Theater.«.

Die Suche mit einem Schleppanker war lange Zeit die übliche Methode, nach einem Flugzeugwrack zu suchen. Systematisch wurde so das Gebiet abgesucht.

DIE GEZIELTE SUCHE

DIE GEZIELTE SUCHE

Gezielt nach einem bestimmten Flugzeug in größerer Tiefe zu suchen, ist fast immer schwierig, aufwendig und sehr teuer. Wie das Beispiel der Suche nach dem in der Nacht vom 31. Mai auf den 1. Juni 2009 über dem Atlantik abgestürzten Airbus mit der Flugnummer AF 447 zeigt, benötigt man für ein erfolgversprechendes Vorhaben nicht nur Schiffe mit modernstem Ortungsgerät, sondern auch viel Zeit und somit ein gigantisches Budget. Das Hauptziel dieser aufwendigen Suche war eine Untersuchung der noch unklaren Absturzursache des Airbus und die Bergung der Opfer. Die folgenden Suchaktionen kosteten einen zweistelligen Millionenbetrag, bis das Flugzeug im April 2011, fast zwei Jahre nach seinem Absturz, endlich in 4.000 Metern Tiefe geortet werden konnte. Mit Tauchrobotern konnten anschließend nicht nur der Flugschreiber und der Voice Recorder, sondern auch über 100 Verunglückte aus der großen Tiefe geborgen werden.

Diese technischen Möglichkeiten und vor allem die finanziellen Mittel, stehen jedoch bei den wenigsten privat oder institutionell finanzierten Suchaktionen zur Verfügung. In den nächsten Jahrzehnten wird man aber trotzdem immer häufiger Flugzeugwracks auch in größeren Tiefen entdecken. Der Grund dafür sind weniger archäologisches Ambitionen, sondern die noch unerschlossenen Rohstoffvorkommen in den Weltmeeren. Auch hier wird mit großem finanziellen Aufwand und aufwendiger Technik seit Jahren detailliert der Meeresgrund auch in großen Tiefen gescannt. Diese zu erwartenden Zufallsfunde werden jedoch in Tiefen liegen, die für Taucher meist nicht mehr zu erreichen sind. Viele Wracks in küstennahen Bereichen und betauchbaren Tiefen sind in der Zwischenzeit bekannt, einige davon sind auch untersucht und identifiziert worden. Für die Suche in diesem Tiefenbereich stehen mittlerweile gün-

stigere Side-Scan-Geräte zur Verfügung. Auch einfachere Video- und ROV-Systeme zur Überprüfung der ermittelten Fundstellen sind in den letzten Jahren erschwinglich geworden. Somit ist es heutzutage auch mit überschaubarem Budget möglich, gezielt bis in einer Tiefe von 150 Metern zu suchen, Wracks zu untersuchen und zu betauchen.

Diese technischen Möglichkeiten standen früher bei der Suche nach einem versunkenen Flugzeug nicht zur Verfügung: Das Ortungsverfahren war einfach und nicht besonders effektiv. Das Suchgebiet wurde mit einem Boot abgefahren und dabei ein Anker nachgeschleppt. Hatte sich der Anker irgendwo verfangen, hatte man mit etwas Glück das gesuchte Wrack gefunden. Der Anker wurde herausgerissen, im Idealfall ein paar aussagekräftige Blechteile hinauf gezogen oder es er-

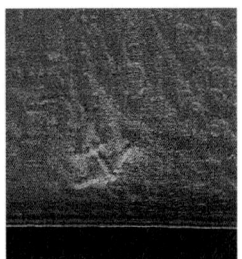

Sidescan-Aufnahmen einer Ju 52 und einer Ju 88 auf dem Meeresgrund.

Auf Flugzeugwracksuche in Südfrankreich. Mit Sidescan, Echolot und Unterwasserkamera wird das Seegebiet vor Marseille nach weiteren, noch unbekannten Wracks abgesucht.

schien ein Ölfleck an der Wasseroberfläche. Eine Alternative dazu war die optische Suche. Das Verfahren war ähnlich: Statt des Ankers wurde ein Helmtaucher dazu auf einer schaukelartigen Konstruktion oder einem Schlitten sitzend über den Grund geschleppt.

Die Motivation für die Suchaktionen und Bergungen dieser Zeit war nicht der Wunsch, die Absturzursache zu ermitteln oder die Geschichte des Wracks zu erforschen. Auch die Bergung der Besatzung war eher Nebensache. Es ging um den Schrottwert des Flugzeugs. So wurde vor allem während und kurz nach dem Zweiten Weltkrieg, als die Rohstoffe knapp und der Schrottpreis hoch

waren, intensiv und gezielt nach abgestürzten Flugzeugen gesucht. In dieser Zeit wurden bereits viele Flugzeuge von der Marine, Luftwaffe oder Bergungsfirmen aus den Meeren und Seen geborgen. Über die Anzahl und die Identität dieser damals geborgenen Flugzeuge ist wenig bekannt, und meist ist auch über die Bergung selbst keine Information zu finden. Bevor man heutzutage unter Wasser gezielt nach einem bestimmten Flugzeug sucht und dabei viel Zeit und Geld investiert, ist es gut, vorab zu recherchieren, ob das gesuchte Flugzeug unter Umständen schon geborgen wurde und somit nicht mehr auf dem Meeresgrund zu finden ist.

Die Bergung von Flugzeugteilen, vor allem aus größeren Tiefen, erfolgte früher meistens mit Ankern. Da die Flugzeuge danach verschrottet wurden, waren die so verursachten Beschädigungen nicht relevant.

Ein Flugzeug wird 1915 von einem Torpedoboot geborgen. Im Zweiten Weltkrieg wurden dazu meist spezielle Bergungsschiffe und besonders ausgebildete Taucher eingesetzt.

Fünf amerikanische Avenger im Formationsflug an der amerikanischen Ostküste.
Fünf Maschinen des selben Typs verschwanden 1945 spurlos im Bermuda-Dreieck.

NACH DEM KRIEG

NACH DEM KRIEG

Im Jahr 1945, nach dem Ende des Zweiten Weltkriegs, wurde es wieder ruhiger auf dem Meeresgrund. Der Krieg, der auf der ganzen Welt und über See so viele Opfer gefordert hatte, war beendet. Auch die große Zeit der Pioniere und Rekordjäger war vorbei. Die folgenden regional begrenzten Konflikte forderten zwar weitere Opfer, das massenhafte und mysteriöse Verschwinden über See hatte aber fast aufgehört. Ein berüchtigtes Seegebiet sorgte jedoch in den Nachkriegsjahren für zwei weitere mysteriöse Vermisstenfälle: das Bermuda-Dreieck.

Am 5. Dezember starteten in Fort Lauderdale fünf Torpedobomber vom Typ TBF Avenger zu einem Übungseinsatz. Vermutlich führte eine Verkettung von Navigationsfehlern dazu, dass keine der fünf Maschinen zu ihrem Flughafen zurückkehrte und alle im Bermuda-Dreieck spurlos verschwanden. Auch ein Flugboot, das kurz darauf zur Suche nach den Vermissten Torpedobombern gestartet war, kam nie zurück. Unter dem Namen »Flight 19« wurde ihr Verschwinden ein Teil des Mythos um das Bermuda-Dreieck. Nur drei Jahre später verschwand im selben Seegebiet auch einer der bekanntesten Luftwaffen-Offiziere des Zweiten Weltkriegs: Air Marshal Sir Arthur Coningham. Der gebürtige Australier war bereits im Ersten Weltkrieg als Pilot im Einsatz. 1943 wurde der hoch dekorierte Offizier zum Air Marshal befördert und wurde einer der wichtigsten Befehlshaber der britischen Luftwaffe. 1947, nach über 30 Jahren Dienstzeit in der Royal Air Force, ging er auf eigenen Wunsch in den Ruhestand. Er verschwand am 30. Januar 1948 bei einem Transatlantik-Flug zwischen den Azoren und Bermuda an Bord der »Star Tiger«, einer B.S.A.A. Avro Tudor IV, mit der gesamten Besatzung. Trotz einer aufwendigen Suchaktion wurde das vermisste Flugzeug nie gefunden und auch die Absturzursache ist bis heute ungelöst. Der Untersuchungsbericht endet mit den Worten:

» What happened in this case will never be known, and the fate of Star Tiger must remain an unsolved mystery. «

Das Photo zeigt Arthur Coningham (2. von rechts) zusammen mit König George VI, Sir Bernard Montgomery und Harry Broadhurst auf einem Flugplatz in Holland im Oktober 1944.

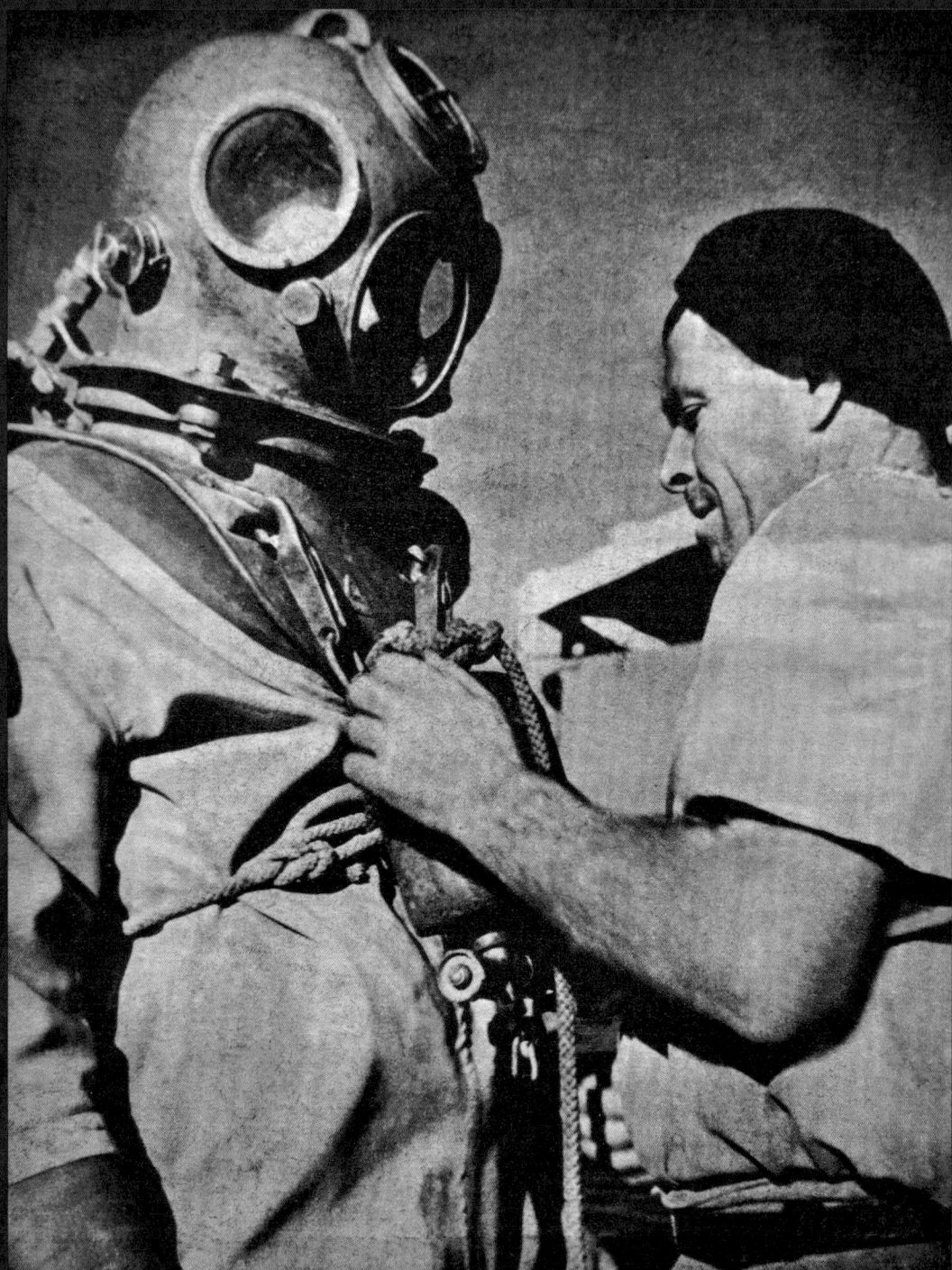

Ein Bergungstaucher der deutschen Kriegsmarine bereitet sich in Griechenland auf den Tauchgang vor, um ein Flugzeugwrack zu bergen.

FLUGZEUGBERGUNGEN

Früher wurden Flugzeugwracks geborgen, um sie verschrotten zu können. Die Bergungen der letzten Jahrzehnte dagegen wurden durchgeführt, um die Flugzeuge zu erhalten. Eine hierfür notwendige vorsichtige Bergung ist bereits aufwendig und teuer. Die anschließend notwendige Arbeit aber, die Konservierung und spätere Restaurierung, machten einen weiteren wesentlichen Teil der Arbeit und der Kosten aus. Flugzeuge, die viele Jahrzehnte mehr oder weniger unbeschadet auf dem Meeresgrund gelegen hatten, zerfallen innerhalb kurzer Zeit nach ihrer Bergung an der Luft. Der Kontakt des bereits durch das Salzwasser angegriffenen Metalls mit dem Sauerstoff fördert seinen schnellen Zerfall. Nur eine umgehende, sorgfältige Konservierung kann diesen Prozess aufhalten oder zumindest verzögern, um die Flugzeuge später dauerhaft in restauriertem oder unrestauriertem Zustand erhalten und ausstellen zu können. Bei den Wrackteilen der P 38 *Lightning* wurden hierzu aufwendige Versuche unternommen, um eine bestmögliche Konservierung der Funde sicherzustellen.

Die Meinungen darüber, ob man Flugzeuge überhaupt bergen sollte oder sie besser weiter am Meeresgrund verbleiben sollten, sind je nach Perspektive unterschiedlich. Denn gerade dort, wo sie auf dem Meeresgrund liegen, geht von ihnen die größte Faszination aus. Sie sind dort stille Zeitzeugen der Geschichte, immer noch am Ort des Geschehens. Was diese besondere Faszination ausmacht, geht zum größten Teil mit der Bergung und Restaurierung verloren. Wenn man also Taucher und Wrackforscher fragen würde, ob ein Wrack vom Meeresgrund geborgen werden sollte, würde kaum einer die Bergung befürworten. So sind auch die vom Tauchsport abhängigen Regionen in manchen Urlaubsländern heute immer mehr an einem Erhalt »ihrer« Wracks unter Wasser interes-

Ein F-1 Raketentriebwerk der Mondmission Apollo 11 von 1969 wurde im Atlantik geortet ...

siert. Unabhängig von der Ansicht darüber, ob ein Flugzeug besser dort verbleiben oder in einem Museum ausgestellt werden sollte, ist die Erforschung und Identifizierung des Wracks in jedem Fall wichtig. Diese kann sowohl dem Wrack auf dem Meeresgrund wie auch dem Exponat im Museum das liefern, was seinen wahren Wert ausmacht: seine Geschichte von »Vermisst über See«.

... und 2013 von Jeff Bezos, dem Amazon-Gründer, aus einer Tiefe von über 4.000 Metern geborgen.

BILDNACHWEIS

„Gone with the wind", 140or
2006 NOAA/MBARI, 19mr, 19ur
2013 Bezosexpedition, 151o, 151u
Aeropostal Werbung/Sammlung Lino von Gartzen, 49l
Aldo Ferruci, 73ur, 138or
Anders Beer Wilse/Norsk Folkemuseum, 42ur
Anders Beer Wilse/Norwegian Museum of Cultural History, 44o
Archiv Daimler AG, 97o
Archiv Daimler AG/Lino von Gartzen, 123o
„Der F.d.L. Führer der Luftschiffe", Thor Goote, Breidenstein 1938,
Sammlung Lino von Gartzen, 14
Australian War Memorial , 33ur
Bob Halstead, 70m, 70u
Boston Public Library, Leslie Jones Collection, 64, 65or
Cbl62, CC-BY-SA-3.0; Released under the GNU Free Documentation
License., 65ur
Chad Mueller, PBA Galleries, 11
Colombo Max, Familie Bentheim & Steinfurt, 90u
Courtesy of the Boston Public Library, Leslie Jones Collection, 52u,
53or, 54or, 54ur, 55o, 61or
Dimitri Galon/Lino von Gartzen, 145r
Dimitris Galon, 66, 67or, 68o
Familie Bauer, 113or
Familie Bentheim & Steinfurt, 91o, 95or, 97u
Familie Etzel, 138ol
Familie Wälde, 115ur
Flight Magazine, 33or
Florian Huber, 73or
Foto G. Kobaios, 126ol
Frederic Lecomte via Manolis Bardanis, 124
George Albert, 107u
George and Marios Oikonomou, 127o
H.M. Stationery Office, 79ur
Hafner/Lino von Gartzen, 123ol
Hain/Reichart/Sammlung Lino von Gartzen, 144, 147o
Hans Ebersoldt, 88ur
Hans Fahrenberger /Sammlung Lino von Gartzen, 87ul, 88o, 137o
Hawaii Department of Transportation, 48u
Horst Rippert/Sammlung Lino von Gartzen, 87or, 110
Il Matino Illustrato 1928/ Sammlung Lino von Gartzen, 47ru, 56ul,
57o
Image Library of State Library of NSW, Sydney, 48ol
Imperial War Museums, TR 2399, 149o
JANE'S ALL THE WORLD'S AIRCRAFT 1913, FRED T. JANE, Library of
Congress Catalog Number 69-14964, Via gutenberg.org, 25mr
John Oxley Library, 48or
John Warner Barber, 136
Karl Ulbrich/Sammlung Lino von Gartzen, 117o
L'Illustration, 1934, 49or
Le Petit Journal/ Sammlung Lino von Gartzen, 22, 23ul
Le Petit Parisien 1911, 25o
Library of Congress, George Grantham Bain collection, LC-DIG-
ggbain-17798 , 24or
Library of Congress, LC-DIG-ggbain-04095 , 26ur
Library of Congress, LC-USZ62-121515, 45or
Library of congress, LC-USz62-12731, 9lu
Library of Congress, LC-USZ62-12735, 26o
Library of congress, LC-USZ62-61154 , 10m

Library of Congress, LC-USZ62-79641, 43o
Library of Congress, New York Tribune on 15 October 1913, 27ol
Lino von Gartzen, 5, 72, 84o, 85or, 94or, 94u, 98u, 99o, 105o, 108o,
114u, 115o, 120, 121ul, 122o, 146o, 150
Luc Vanrell, 73ul, 84u, 85u, 89u, 100, 102, 116or, 117ur, 118ol
Ludwig Hain/Sammlung Lino von Gartzen, 74, 75u, 76o, 77o
Luftfahrt-Archiv Hafner, 119ul
Manolis Bardanis, 130
Marcin Trzciński, 6, 69u, 71o
NARA, 342-FH-3A19272-61989AC, 83o
National Air and Space Museum Archives, 1990-0009_7A47252, 10o
National Air and Space Museum, Smithsonian Institution , NASM 71-
1060, 62ol
National Air and Space Museum, Smithsonian Institution.NASM
9A08683, 51ur
National Archives, 342-FH-3A17878-82508AC, 143u
National Archives, 342-FH-3A20292-76683AC, 143m
National Archives, 342-FH-3A26052-24526AC, 137u
National Archives, MACR 42-70285, 142or
National Museum of the U.S. Air Force, ID:050606-F-1234P-035, 141u
National Postal Museum, Curatorial Photographic Collection, 30
Official U.S. Navy Photograph, National Archives, 80-G-441979, 19ul
Official U.S. Navy Photograph, National Archives, NH 43901, 20
P. Schenk / AK Gröner, 128o, 128m, 129o
Pressephoto/Sammlung Lino von Gartzen, 50
Purdue University Archives, 34231/c6542kkt, 62or
Purdue University Archives, 34231/c6qr4v3s, 60u
RCA (Radio Corporation of America), 142ol
Royal Airforce, 31mr
Sammlung C. Grams, 135u
Sammlung Andy Thomas, 137m
Sammlung Chris Goss, 118u
Sammlung Etienne Ducreux, 18o, 18ul, 19o
Sammlung H. Ringlstetter, 112
Sammlung Hans-Peter Dabrowski, 139o
Sammlung Harald Belz, 119o
Sammlung Harry Redner, 12, 16, 16ul
Sammlung Helmut Schmidt, 96o
Sammlung Lino von Gartzen, 9ro, 17ur, 29o, 29u, 35ur, 39ur, 40o,
40u, 41u, 49ur, 75or, 78, 80ol, 81o, 82or, 82ur, 111or, 125o, 132,
133ru, 134ru, 135o, 138u, 147u
Sammlung Victor Couto, 36
San Diego Air and Space Museum Archive, 38o, 39o
Scientific Ameriacan, 1873/ Sammlung Lino von Gartzen, 8
Siegfried Körner, 134ro
Smithsonian Institution, SI-A-45874 , 58
Succession de Antoine de Saint Exupery, 89or, 92
Thorsten Klahn, 16ol
U.S. Navy Photograph, 148
United States Library of Congress, ID: ggbain.3864838648, 41or
US Airforce photographs, 050811-F-1234P-027, 141or
US Coast Guard, Via Guy Julien, 116ul
Vanity Fair 1912, 28l
Verlag Hoffmann, 86o
via Chris König, 125u
via Dave Robinson/The Historic British Aviation Advertisements Ar-
chive, 24ul, 25ur, 32ol, 34ol, 134ul
via Peter Petrick, 126u

Ebenfalls erhältlich ...

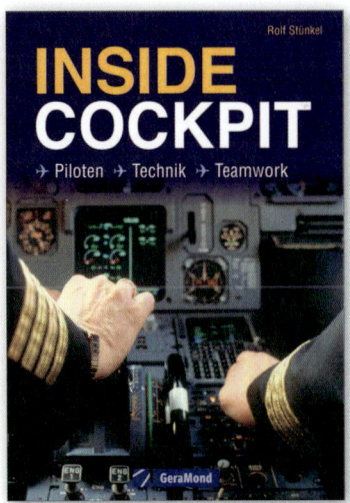
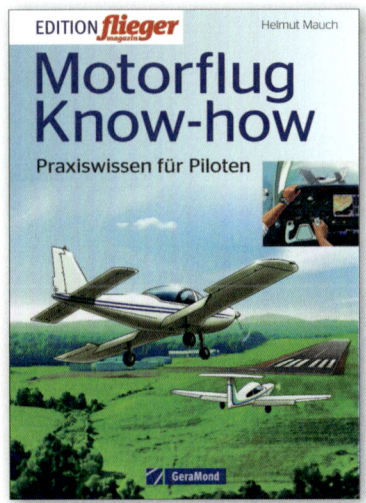